# IL MISTERO

# DELLA

# CASA

# IN SICILIA

Upper Beginner to Intermediate Level

MELANIE CHIRCOP

*Book 1 of the House Number 23 series*

# Contents

# Introduction

This book is intended for non native speakers who have decided to take up Italian as a foreign language. It is mainly recommended for students at an upper beginner level, as some basic knowledge of Italian prior to reading it is advisable. It is a book that aims to facilitate the transition between beginner to intermediate level. This book could also be a useful tool for someone at an intermediate level who wants to brush up their skills or learn new vocabulary.

As a teacher of Italian, with over fifteen years of experience I have found it very challenging to find good reading books at this level. Most Italian books are either too hard to understand or intended for a younger audience, having young characters in leading roles. It is very important to read at the right level. When a reading text is too easy, it can bore the student. On the other hand when it's too difficult it can result into feelings of helplessness or a lack of motivation to continue it.

I kept the writing style simple, with short and concise sentences as much as I could. The grammar is simplistic and the verbs are mainly in the *presente indicativo* and *passato prossimo*. Some use of other tenses such as *imperfetto* and *futuro* are also present, but kept at a minimum. I aimed at creating various conversations for a better understanding of how Italians speak on a daily basis. The challenge was creating simple conversations and yet not missing out on how a native speaker would actually speak in specific contexts. The dialogues are realistic but at the same time not too hard to understand. The repetition of new vocabulary throughout the book is deliberate, as it's important for the reader to understand how certain words are used in various sentences. Repetition is the key to learning and retaining new vocabulary on a long term basis.

My aim is to help you practice Italian through reading. Reading in a foreign language can be such an enjoyable experience and can help you improve all of the four skills: reading, writing, speaking and listening.

Help is provided with translation of difficult vocabulary after every chapter. A glossary is also present at the end of the book in alphabetical order, to make it easier to search for words. Expressions are also translated and explained throughout the book. After every chapter you will also find a set of questions to test your comprehension.

I sincerely hope that you enjoy this book and please do not hesitate to write me any feedback. I would highly appreciate your suggestions. I'm grateful that you decided to read this book. God willing, it will make a difference and help you improve your Italian in a fun way.

# How to use this book

First and foremost, I strongly recommend that while reading, you read out loud, pronouncing each and every single word out clearly. This process of listening to yourself using the language is a very important technique that helps you become more fluent and build more confidence when speaking.

Moreover, I would suggest that you read every chapter twice. Here are six steps that you should follow to make the most out of your learning experience.

1. First reading: Read out loud, slowly every single word. Think, what does this sentence mean? Try and understand the general meaning, even if you do not know some of the words. Look up the words in the Vocabolario section, to help you understand better.

2. After you finish the chapter, read the Vocabolario Section: read every word in the list. Go back to the chapter to see how these words are being used. It's important that you comprehend how to use such words in a context, as opposed to isolated words in a list.

3. Close the book. Go do something else.

4. Go back to the book. Start by reading the Vocabolario section again, going through the words, trying to memorise them.

5. Second Reading. Read the chapter again, this time try not to use the Vocabolario section. Try and remember what the words mean. P.S. If you don't remember, don't worry, look at the Vocabolario again.

6. Answer the multiple choice questions and check your answers at the back of the book.

# Vocabolario Abbreviations

*v.*      verbo all'infinito

*e.*      espressione

*n.*      nome / sostantivo

*agg.* aggettivo

*sing.* singolare

*m.*      maschile

*f.*       femminile

# Il giorno della partenza

**11 agosto 2021**

Stamattina Lorenzo e Alessia **si sono svegliati** più presto del solito. Sono emozionati perché oggi sarà un giorno speciale. Hanno un **volo** per la Sicilia alle nove e mezza. **Quindi** devono essere all'aeroporto verso le sette e mezza.

«Lorenzo **dai sbrigati**! Cosa stai facendo chiuso in bagno tutto questo tempo?».

«Mi sto preparando! Mi faccio la barba. Tu sei pronta?»

«Sì certo. Come al solito, **aspetto** te!»

«Tranquilla che vengo», dice Lorenzo mentre apre la porta del bagno. «**Eccomi**! Tutto bello e profumato»

«**Puzzi** come sempre» gli dice Alessia **sorridendo** e gli stampa un **bacio** sulle **labbra**.

Lorenzo e Alessia sono sposati da un anno e sette mesi. La loro vita insieme è molto tranquilla e divertente. Lorenzo ha 35 anni, mentre Alessia ne ha 33. **Entrambi** sono di Milano. Lorenzo lavora per molte ore come **imprenditore** di un'agenzia di viaggi, mentre Alessia fa la **casalinga**. Lorenzo **guadagna** abbastanza soldi da **permettere** ad Alessia di non lavorare. Lei **si occupa** della casa: **fa le pulizie**, cucina e va a fare la spesa.

Il telefono di Alessia **squilla** e Lorenzo la sente dire:

«Certo stiamo arrivando! Un minuto e usciamo».

Entrambi **si mettono** una felpa e si caricano in spalla i loro zaini. Escono di casa e incontrano l'autista che li aspetta nella Fiat 500L.

## Vocabolario

**si sono svegliati:** they woke up *(v. svegliarsi)*
**un volo:** a flight
**quindi:** therefore
**dai!** come on
**sbrigati!:** hurry up! *(v. sbrigarsi)*
**aspetto:** I wait *(v. aspettare)*
**eccomi:** here I am
**puzzi:** you stink *(v. puzzare)*
**sorridendo:** smiling *(v. sorridere)*
**un bacio:** a kiss
**le labbra:** the lips *(n. sing. il labbro)*
**entrambi:** both
**l'imprenditore:** the business owner
**la casalinga:** the housewife
**guadagna:** earns *(v. guadagnare)*
**permettere:** to allow
**si occupa di:** takes care of *(v. occuparsi di)*
**fa le pulizie:** cleans *(e. fare le pulizie)*
**squilla:** rings *(v. squillare)*
**si mettono:** they put on *(v. mettersi)*

## Domande di scelta multipla

1) Alessia e Lorenzo si svegliano presto perché:
   a. si preparano per andare in vacanza
   b. vanno a fare una passeggiata
   c. devono lavorare
   d. devono fare le pulizie

2) Alessia e Lorenzo:
   a. fanno un lavoro online
   b. lavorano in un agenzia di viaggi
   c. non lavorano
   d. fanno la casalinga e l'imprenditore

3) Lorenzo guadagna:
   a. poco
   b. molto
   c. abbastanza
   d. troppo

4) Per andare all'aeroporto :
   a. prendono l'autobus
   b. prendono il treno
   c. prendono il tram
   d. prendono il taxi

# Due settimane prima

## 27 luglio 2021

Lorenzo rientra a casa dopo una **giornataccia** al lavoro. **È stanco morto**. Vuole solo farsi una bella doccia e sedersi sul divano **sorseggiando** una birra fresca. Lorenzo è felicissimo di essere finalmente a casa! Che bello chiudere **la porta d'ingresso** e lasciare tutto il mondo fuori.

«Amore! Ho comprato una casa!» dice Alessia, con una voce **intimorita** ma allo stesso tempo emozionata.

«Cosa hai fatto? » risponde Lorenzo **incredulo**.

«Ho letto sul giornale che ci sono queste case in Sicilia in vendita a un euro. Ho fatto qualche ricerca e ho trovato un agenzia immobiliare che si occupa della vendita di case simili. Ho fatto un'offerta e l'hanno accettata! **Non ci posso credere**! Adesso abbiamo una casa e ho pagato solo 1 euro!».

Lorenzo non è sicuro di aver capito bene.

«Ma **stai scherzando**? Hai comprato una casa senza dirmi niente?».

«Hai ragione mi dispiace, ma **è successo** tutto così **in fretta**, e tu eri al lavoro…».

«Hai comprato una casa su internet?! Dove in Sicilia? Hai delle foto?».

4

«È in un piccolo paese in campagna che si chiama Sambuca. E sì, ci sono le foto. È una casa vecchia, ma **piena di fascino!**».

Alessia prende il telefono e trova le foto della casa di Sambuca. Le mostra a suo marito. **Appena** Lorenzo vede le foto, **rimane a bocca aperta**. La casa sembra **abbandonata** da molti anni.

«Questa casa è vecchia quanto il Colosseo! Mamma mia Ale, non ci posso credere. Dobbiamo fare molti lavori in quella casa».

«Lo so amore, ma sarà il nostro nuovo progetto. Quando la **finiremo**, potremo andare in vacanza in Sicilia quando vogliamo», gli dice Alessia.

«E con il lavoro come faccio?» risponde Lorenzo.

«**Prenderai le ferie**»

Lorenzo sorride, ma si sente molto confuso. È ancora **sotto shock**.


Vocabolario

**una giornataccia:** a bad day
**è stanco morto:** he is dead tired *(e. essere stanco morto)*
**sorseggiando:** sipping *(v. sorseggiare)*
**la porta d'ingresso:** the front door
**intimorita:** intimidated
**incredulo:** incredulous
**non ci posso credere:** I cannot believe it
**stai scherzando?:** are you joking? *(v. scherzare)*

**è successo:** it happened *(v. succedere)*
**in fretta:** quickly
**piena di fascino:** full of charm
**appena:** as soon as
**rimane a bocca aperta:** his jaw drops *(e. rimanere a bocca aperta)*
**abbandonata:** abandoned
**finiremo:** we will finish *(v. finire)*
**prenderai le ferie:** you will take vacation leave *(e. prendere le ferie)*
**sotto shock:** shocked


## Domande di scelta multipla

5) Lorenzo si sente _____ di essere finalmente a casa.
    a.  molto triste
    b.  molto stanco
    c.  molto confuso
    d.  molto felice


6) Alesssia dice al marito che:
    a.  ha comprato una casa
    b.  le piace leggere il giornale
    c.  si sente intimorita
    d.  si sente emozionata

7) La casa che ha comprato
    a. è bella e si trova a Milano
    b. è vecchia e si trova a Milano
    c. è vecchia e si trova in Sicilia
    d. è moderna e si trova a Sambuca.


8) Lorenzo è confuso perche:
    a. non sa come fare con il suo lavoro a Milano
    b. la casa sembra abbandonata
    c. Alessia non gli aveva detto niente sulla casa
    d. tutte e tre le risposte

# L'arrivo a Palermo

**11 agosto 2021**

Alessia e Lorenzo camminano insieme verso l'uscita dell'aeroporto. Sono le undici e un quarto, e l'aeroporto di Palermo non è molto **affollato**. Hanno portato solo uno zaino **ciascuno** e si sentono liberi di muoversi senza difficoltà.

«Prima di uscire, prendiamo un caffè?».

Alessia **annuisce** e insieme entrano al bar Caffè Corso.

«Vorremmo due caffè per favore», dice Alessia.

«Subito» risponde il barista. Dopo qualche minuto gli serve i due caffè.

Lorenzo mette lo zucchero nel suo caffè, lo **mescola** bene con il **cucchiaino** e dice ad Alessia:

«Sono ancora molto stanco. Ho dormito un po' sull'aereo ma non abbastanza. Ho bisogno di molta caffeina»

La notte scorsa Lorenzo non ha dormito molto bene. Continuava a pensare a molte cose. Era **curioso** di vedere la casa, ma allo stesso tempo era un po' **preoccupato**. **Era riuscito** a **chiudere occhio** solo verso le tre del mattino. La cosa positiva è che ha preso tre settimane di ferie. Quindi non deve lavorare e può rilassarsi.

«Vorrei anche un **cornetto** alla crema» dice Lorenzo al barista.

8

## Vocabolario

**affollato:** crowded
**ciascuno:** each
**annuisce:** nods *(v. annuire)*
**mescola:** stirs *(v. mescolare)*
**il cucchiaino:** tea spoon
**curioso:** curious
**preoccupato:** worried
**era riuscito:** he had managed to *(v. riuscire)*
**chiudere occhio:** sleep
**un cornetto:** a croissant

## Domande di scelta multipla

9) Alessia e Lorenzo portano con loro:
   a. molte cose
   b. due grandi valigie
   c. due valigie a mano
   d. due zaini

10) Lorenzo e Alessia:
   a. sono molto stanchi
   b. si fermano a un bar all'aeroporto
   c. non si fermano al bar
   d. restano all'aeroporto per un po'

11) Cosa prendono al bar?
   a. Un caffè e un cornetto
   b. Due caffè
   c. Due caffè e un cornetto
   d. Due cornetti e un caffè


12) Lorenzo è preoccupato perché:
   a. prende molta caffeina
   b. non ha dormito bene
   c. l'aeroporto è affollato
   d. pensa molto alla nuova casa

# Un tipico paese siciliano

**11 agosto 2021, 15:00**

Il piccolo paese di Sambuca è **meraviglioso**. È un tipico paese siciliano su una **collina**. Da lontano si possono vedere molte vecchie case, molti appartamenti, e anche una **chiesa**. Lorenzo e Alessia sono pronti a **esplorare** questo nuovo posto. Ma prima, vanno a cercare la loro casa.

**Parcheggiano** la macchina in una strada **larga**, una delle poche. Le strade a Sambuca sono **strette**, con molte case che sembrano abbandonate. Passeggiano verso Via Manforte, lungo strade deserte. Passa un'anziana che cammina con una borsa in mano che gli dice «buonasera», continuando per la sua strada. È **l'unica** persona che hanno visto **fino a quel momento**, e Lorenzo si chiede, 'era un **fantasma**?'.

Continuano a camminare **seguendo** Google Maps. Passano di fronte a una splendida chiesa e una piccola piazza dove c'è un bar. Al bar ci sono delle persone che mangiano un panino che sembra molto buono.

«Hai fame?» chiede Alessia.

«Non proprio. **Non vedo l'ora di** vedere questa casa. Dai **proseguiamo**».

## Vocabolario

**meraviglioso:** wonderful
**collina:** hill
**chiesa:** church
**esplorare:** explore
**parcheggiano:** they park *(v. parcheggiare)*
**larga:** wide
**strette:** narrow
**l'unica:** the only
**fino a quel momento:** up to that moment
**un fantasma:** a ghost
**seguendo:** following *(v.seguire)*
**non vedo l'ora di:** I cannot wait to *(e. non vedere l'ora di)*
**proseguiamo:** let's continue *(v. proseguire)*

## Domande di scelta multipla

13) A Sambuca _____
   a. ci sono molte case moderne
   b. ci molte strade larghe
   c. ci sono pochi appartamenti
   d. ci sono molte strade strette e una chiesa

14) Dove parcheggiano la macchina?
   a. Difronte alla loro nuova casa
   b. In via Manfredi
   c. In una strada larga
   d. Non hanno una macchina

15) Lorenzo pensa di aver visto un fantasma perché
_____
   a. ci sono molte persone a Sambuca
   b. non ci sono molte persone a Sambuca
   c. la donna è un'anziana
   d. la donna non dice niente

16) Come arrivano alla nuova casa?
   a. Chiedono informazione
   b. Hanno una mappa
   c. Conoscono bene Sambuca
   d. Usano Google Maps

# La vecchia casa

**11 agosto 2021, 17:00**

Da fuori, la casa sembra bella. È una casa gialla di **pietra**, con una porta d'ingresso **di legno** e una finestra con delle **persiane** marroni. Ci sono anche dei fiori rosa sotto la finestra. La porta sembra **bloccata** e Lorenzo la apre con difficoltà. Fa un passo dentro la casa, e **rimane sorpreso**. La casa non è così male come aveva pensato. Appena entrano, vedono una grande stanza **vuota**. Il **pavimento** è fatto di **piastrelle** colorate. Le pareti sono bianche e il **soffitto** ha delle **travi** di legno. Il primo impatto con la casa è sicuramente positivo.

«**Niente male** per 1 euro! Sembra **troppo bello per essere vero**» dice Alessia.

«Aspettiamo di vedere tutta la casa prima di commentare» risponde Lorenzo. Sa che deve **mantenere basse le aspettative**, almeno per il momento.

Continuano a camminare, **attraversano** la prima stanza ed entrano in una seconda stanza. Qui vedono una piccola cucina. La cucina è molto vecchia e **datata**. Lorenzo apre il **rubinetto** per **controllare** se esce l'acqua e dice:

«Perbacco! C'è l'acqua! **Non me l'aspettavo!**»

Questa stanza è più **sporca** dell'altra. Il pavimento **è coperto di polvere**. Ovunque passano, lasciano **tracce** delle loro scarpe. In fondo alla cucina, **osservano** un piccolo bagno. C'è un water, un lavandino, una vasca da bagno, e un bidè. Non è un bagno bello, ma è funzionale. Accanto alla porta del bagno c'è un'altra porta, che dà su un grande giardino. Alessia prova a **girare la chiave** per uscire, ma non funziona.

«C'è un problema con la **serratura**. Non riesco a uscire in giardino».

Lorenzo **si avvicina** per controllare, e dice:

«Hai ragione. Dobbiamo **ripararla**. Lo farò più tardi»

Alessia ha già cominciato a salire le scale. Al primo piano, vede due stanze, una a sinistra e una a destra. In quella a destra c'è un armadio grande, una cassettiera e un letto matrimoniale. Sul letto c'è anche il materasso! Accanto alla cassettiera c'è la finestra che dà sulla strada. Alessia dice:

«C'è una bella vista dalla finestra. Si vedono le montagne!».

Lorenzo va nell'altra stanza. Questa stanza è la seconda camera da letto ed è vuota. C'è solo un **tappeto** sporco con delle **macchie** marroni.

«Posso usare questa camera come ufficio! Mentre tu cucini e mi fai le lasagne, io resto qui a lavorare **in santa pace**».

«Non è divertente» risponde Alessia con **un tono giocoso**. «Questa stanza sarà la mia biblioteca! Lì all'angolo, metterò la mia poltrona, e passerò molto tempo a leggere».

Lorenzo **scuote la testa** e va ad abbracciarla.

15

«Complimenti, hai fatto un buon lavoro! Questa casa non è molto grande, ma è un buon investimento!» le dice.

«Sono felice. Adesso andiamo a quel centro commerciale vicino a Palermo a **fare acquisti**. Ci servono molte cose per mettere in ordine questa casa!»

«Amore mio, è un po' tardi per andare lontano! Proviamo a trovare un negozio in paese e compriamo lo **sgrassatore**! A te le pulizie. Io mi rilasso un po' con un buon bicchiere di vino», le dice Lorenzo scherzando.

Alessia gli fa un sorriso sarcastico. Insieme scendono al piano terra e si preparano a uscire.

## 11 agosto 2021, verso le 18:30

Ritornano a casa dopo un po'. Hanno acquistato varie cose: prodotti di pulizia e degli **attrezzi** per fare dei piccoli lavori in casa. Entrambi cominciano a pulire. Alessia **spolvera** e Lorenzo **spazza** il pavimento. **Riempiono secchi** pieni di acqua e li **buttano** sul pavimento. L'acqua **rivela** delle piastrelle fantastiche. Alessia rimane a bocca aperta.

«Guarda quanto sono belle! Non me l'aspettavo!».

Mentre Alessia lava il pavimento, Lorenzo va a riparare la serratura della porta del giardino. A sua sorpresa, la chiave gira senza problemi.

«Boh, che strano! Adesso sembra perfetta e io non ho fatto niente».

Apre la porta, ed esce a esplorare il giardino.

## Vocabolario

**la pietra:** stone
**di legno:** wooden
**le persiane:** shutters
**bloccata:** stuck
**rimane sorpreso:** is surprised *(e. rimanere sorpreso)*
**vuota:** empty
**il pavimento:** the floor
**le piastrelle:** the tiles
**il soffitto:** the ceiling
**le travi:** the beams
**niente male:** not bad
**troppo bello per essere vero:** e. too good to be true
**mantenere basse le aspettative:** to keep low expactations
**attraversano:** they cross; go through *(v. attraversare)*
**datata:** old fashioned
**il rubinetto:** the faucet
**controllare:** to check
**perbacco!:** Wow!
**non me l'aspettavo!:** I didn't expect that!
**sporca:** dirty
**è coperto di:** it's covered with
**polvere:** dust
**le tracce:** traces
**osservano:** they observe *(v. osservare)*
**girare la chiave:** to turn the key
**la serratura:** the lock
**si avvicina:** approaches; gets closer *(v. avvicinarsi)*

**ripararla:** repair it *(v. riparare)*
**il tappeto:** the carpet
**le macchie:** the stains
**in santa pace:** in peace
**un tono giocoso:** a playful tone
**scuote la testa:** shakes his head *(v. scuotere)*
**fare acquisti:** to buy stuff
**lo sgrassatore:** degreaser
**gli attrezzi:** tools
**spolvera:** she dusts off *(v. spolverare)*
**spazza:** he sweeps *(v. spazzare)*
**riempiono:** they fill *(v. riempire)*
**i secchi:** the pales
**buttano:** they throw *(v. buttare)*
**rivela:** reveals *(v. rivelare)*

## Domande di scelta multipla

17) All'inizio Lorenzo ha difficoltà nell'aprire la porta d'ingresso perché:
  a. la porta è bloccata
  b. non ha la chiave
  c. c'è un problema con la serratura
  d. c'è qualcosa dietro alla porta

18) La casa ha _____
  a.  una camera da letto
  b.  due camere da letto

c. due camere da letto e un ufficio

d. un giardino piccolo

19) Perché Lorenzo fa i complimenti a sua moglie?
   a. La casa è in buone condizioni
   b. La casa è un buon investimento
   c. Non si aspettava una casa del genere
   d. Tutte e tre le opzioni

20) La serratura della porta del giardino_____
   a. non funziona
   b. funziona
   c. all'inizio funziona, ma poi non funziona più
   d. all'inizio non funziona, poi funziona benissimo

# La prima notte in casa

**12 agosto 2021, alle 03:09**

Alessia si sveglia **all'improvviso**. È sicura di aver sentito un **rumore** che veniva dal piano terra. Si gira verso Lorenzo e vede che sta ancora dormendo. Alessia pensa: 'Forse era **un brutto sogno**. Lorenzo non ha sentito niente'.

Decide di chiudere gli occhi e provare a dormire. Ma **non ci riesce**. Comincia a pensare alla casa. 'Perché era così economica? Costava solo 1 euro...che strano! E chi viveva qui prima?'.

Alessia pensa all'**agente immobiliare** che le ha venduto la casa. Dandole le chiavi, le aveva detto: «Buona fortuna!».

'Perché buona fortuna? Cosa **intendeva?**' **Esausta** per quei **pensieri**, Alessia si addormenta accanto a suo marito.

Vocabolario

**all'improvviso:** all of a sudden
**un rumore:** a sound
**un brutto sogno:** a bad dream
**non ci riesce:** she doesn't manage to do it (*v. riuscirci*)
**l'agente immobiliare:** the estate agent

**intendeva**: he was implying (*v. intendere*)
**esausta:** exhausted
**pensieri:** thoughts

## Domande di scelta multipla

21) Alessia si sveglia perché:
  a.  si sente male
  b.  Lorenzo si sveglia
  c.  ha mal di testa
  d.  sente un rumore

22) Alessia ha difficoltà a dormire perché:
  a.  è troppo stanca
  b.  pensa tanto alla nuova casa
  c.  continua a sentire rumori dal piano terra
  d.  nella camera da letto c'è troppa luce

23) Alessia trova strano che:
  a.  Lorenzo non dorme
  b.  la casa è brutta
  c.  l'agente immobiliare ha venduto a loro la casa
  d.  la casa costava solo un Euro

24) L'agente immobiliare _____
  a.  gli ha detto «buona fortuna»
  b.  ha venduto la casa ad Alessia

c.  ha dato la chiave ad Alessia
d.  tutte e tre le opzioni

# Al bar Converso

**12 agosto 2021, alle 07:15**

«Amore, svegliati» dice Alessia.

Lorenzo apre gli occhi lentamente. Si sente ancora molto stanco.

«Cosa c'è?» chiede Lorenzo mentre guarda l'orologio che è sul pavimento vicino al letto.

«Sono solo le sette e quindici! **Lasciami** dormire un po'».

«Dai, **dormiglione**. È una giornata bellissima! Siamo a Sambuca! Andiamo a fare una passeggiata in paese» risponde Alessia.

Lentamente Lorenzo **si mette seduto** sul letto.

«Ho bisogno di un caffè» le dice.

«Sì, andiamo in quel piccolo bar che abbiamo visto ieri a prendere un caffè» gli risponde Alessia.

«Sembra un'ottima idea» le dice Lorenzo.

Alessia non dice niente al marito del rumore che aveva sentito quella notte. Non vuole **spaventarlo**. Decide che era solo un sogno. Non era reale.

Si preparano ed escono di casa. Si dirigono verso il bar. Sambuca è molto tranquilla, **circondata** dalla natura e l'aria è fresca. Al mattino è veramente meravigliosa!

I due entrano al Bar Converso, che si trova in una piazza. Difronte al bar c'è la chiesa di Santa Maria. Il bar è antico, con dei tavoli vecchi. Alle pareti ci sono dei quadri con delle foto in bianco e nero. Alessia è curiosa di vedere chi c'è nelle foto, ma sono troppo lontane da lei. Invece, si avvicina al barista e gli chiede:

«Salve, possiamo avere due caffè per favore?».

«Sì certo» risponde il barista. Mentre gli fa il caffè, li **guarda con la coda dell'occhio**. Dà le due tazzine a Lorenzo e Alessia e domanda:

«È la vostra prima volta a Sambuca?».

«Sì» risponde Alessia. «Abbiamo comprato una casa qui vicino».

Lorenzo **lancia un'occhiataccia** ad Alessia. Non gli piace quando sua moglie dà troppe informazioni a **gente sconosciuta**. Lorenzo è molto **riservato**. Sua moglie invece è molto **estroversa**. Parla con tutti e racconta tutto.

«Ah ben arrivati allora" risponde il barista. "Ho questo piccolo bar da molti anni. Sono qui ogni giorno fino alle quattro del pomeriggio. Mi chiamo Riccardo, piacere!».

«Piacere nostro» risponde Lorenzo.

Riccardo sembra un uomo simpatico, con gli occhi **sorridenti**. Ha quarantotto anni, ma sembra più giovane. Ha i capelli castani e gli occhi azzurri. Non è molto alto e ha un po' di **pancia**. Ama troppo mangiare i suoi cannoli per colazione!

«Dov'è questa casa che avete comprato?» chiede Riccardo.

«Si trova a Via Manforte. È a cinque minuti da qui» risponde Alessia.

Riccardo **cambia faccia** e dice:

24

«Ha detto Via Manforte?».

«Sì. È una casa piccola ma per me e mio marito va bene» risponde Alessia.

Riccardo non sembra più **accogliente** come prima. La sua espressione è cambiata.

«Avete già passato del tempo nella casa?» gli chiede.

«Sì, ma non tanto. Siamo arrivati solo ieri» continua Alessia.

«Spero che vi piaccia», dice Riccardo, mentre si allontana ed entra in una stanza nel retro.

Lorenzo e Alessia bevono il caffè ed escono dal bar. Alessia non è tanto **convinta** dalla conversazione con il barista Riccardo. 'Perché ha cambiato espressione quando gli abbiamo detto dove si trova la nostra casa? Riccardo sa qualcosa che noi non sappiamo. Dobbiamo ritornare un'altra volta in questo bar' pensa Alessia.

## Vocabolario

**lasciami:** let me / leave me (*v. lasciare*)
**dormiglione:** sleepyhead
**si mette seduto:** he sits down (*v. mettersi seduto*)
**spaventarlo:** scare him
**circondata:** surrounded
**guarda con la coda dell'occhio**: looks from the corner of his eyes
**lancia un'occhiataccia:** gives a disapproving look
**la gente sconosciuta:** strangers

25

**riservato:** reserved
**estroversa:** extrovert
**sorridenti:** smiling
**pancia:** belly
**cambia faccia:** changes facial expression (*e. cambiare faccia*)
**accogliente:** welcoming
**convinta:** convinced

## Domande di scelta multipla

25) Alessia non dice niente del rumore a suo marito. Perché?
   a. Se lo dimentica
   b. Ha troppa paura
   c. Non vuole spaventarlo
   d. Non ha voglia di parlarne

26) Alessia e Lorenzo hanno due caratteri differenti. In che modo?
   a. Lorenzo non è riservato mentre Alessia è riservata
   b. Alessia non ama parlare con la gente mentre a Lorenzo piace
   c. Alessia è estroversa mentre Lorenzo è riservato
   d. Tutti e due hanno un carattere simile.

27) Riccardo, il barista è _____
   a. molto alto e ha una grande pancia

b. ha i capelli castani e gli occhi marroni

c. sembra avere più di quarantotto anni

d. ha un po' di pancia e non è molto alto


28) Riccardo _____ appena scopre dov'è la casa.

    a. cambia faccia

    b. diventa più accogliente

    c. beve un caffè

    d. guarda le foto

# La chiave scomparsa

**12 agosto 2021, alle 18:00**

Lorenzo e Alessia ritornano a Sambuca. Parcheggiano la macchina nella stessa strada del giorno precedente. In Via Manforte è difficile parcheggiare perché la strada è troppo stretta. Dunque devono camminare per qualche minuto. Hanno molti **sacchetti** di plastica pieni di cose che hanno comprato per la nuova casa. Appena entrano in casa, mettono tutto sulla tavola della cucina.

Lorenzo e Alessia **si guardano** per qualche momento, increduli. Vedono la porta del giardino aperta. Lorenzo chiede:

«Hai lasciato la porta aperta?».

«No» risponde Alessia **decisa**.

Lorenzo non è convinto. Va a chiudere la porta, ma non vede la chiave e pensa 'Forse **è caduta** per terra'. Lorenzo esce in giardino. **Dà un'occhiata** fuori ma non la trova.

«La chiave non c'è!» dice ad Alessia.

«Come non c'è?».

«Non lo so. È **scomparsa**!».

«Che strano! Forse è entrato qualcuno in casa? Va' a controllare di sopra!» dice Alessia.

Lorenzo non sembra molto felice. Sale al primo piano e vede che entrambe le stanze sono vuote.

«Non c'è nessuno. Forse non ho chiuso bene la porta ieri sera. Quella serratura è **difettosa**. La devo cambiare» dice Lorenzo.


## Vocabolario

**sacchetti:** bags
**si guardano:** they look at eachother (*v. guardarsi*)
**decisa:** decisive
**è caduta:** it fell (*v. cadere*)
**dà un'occhiata:** he looked around (*e. dare un'occhiata*)
**scomparsa:** disappeared
**difettosa:** faulty


## Domande di scelta multipla

29) In Via Manforte è difficile parcheggiare perché:
    a. ci sono troppe macchine
    b. c'è molto traffico
    c. la strada è corta
    d. la strada è troppo stretta

30) Alessia e Lorenzo sono increduli perché:
    a. la porta del giardino è aperta
    b. Alessia non ha chiuso la porta
    c. Alessia è estroversa mentre Lorenzo è riservato
    d. non trovano parcheggio

31) Cosa fa Lorenzo in giardino?
   a. ripara la serratura
   b. vuole vedere il giardino
   c. cerca la chiave
   d. vuole respirare l'aria fresca

32) Alessia dice a Lorenzo di andare al piano di sopra perché:
   a. ha paura
   b. probabilmente c'è qualcuno in casa
   c. tutto è strano
   d. tutte e tre le risposte

# Succedono cose strane

**12 agosto 2021, alle 20:00**

Più tardi Alessia comincia a preparare la cena. Fa un piatto di tortellini con sugo di pomodoro fresco. La cucina non è bella, ma tutto funziona.

**Nel frattempo** Lorenzo, seduto a tavola, sta cercando un nuovo divano sul suo computer. Su Google scrive:

`"Ikea divano marrone"`.

Sceglie un bel divano **di pelle sintetica** che arriverà fra qualche giorno. Poi cerca dei **mobili** nuovi per il suo ufficio. Ha bisogno di una scrivania e di una libreria.

«Amore vieni ad **assaggiare** questo sugo» dice Alessia.

Alessia prepara sempre lo stesso sugo al pomodoro. Comunque sempre chiede a suo marito di assaggiarlo. Lorenzo si alza da tavola e si avvicina ad Alessia.

«Buono! Ma **manca** un po' di sale» dice Lorenzo e ritorna al suo computer. Quando guarda **lo schermo**, rimane scioccato. Su Google Search vede scritta la frase:

`"Chi muore, perde tutto"`.

Lorenzo chiama sua moglie con voce **tremante**.

«Alessia, vieni un secondo».

Alessia **lo raggiunge** e gli dice «Cosa c'è?».

«Guarda cosa ho trovato sul mio computer. Io non ho scritto questa frase. Sono **sicurissimo**!».

Alessia legge la frase sullo schermo.

«Chi muore perde tutto. Cosa significa? Chi l'ha scritta allora, se non tu?».

«Non lo so! Ma **non ci capisco proprio niente** adesso! Com'è possibile! Prima la serratura, poi la porta aperta e adesso questa frase sul mio computer. Ale, c'è qualcosa che non va in questa casa».

Lorenzo va in panico. Alessia rimane in silenzio per qualche minuto. Poi **si confida** con suo marito:

«Ieri notte ho sentito un rumore. Il rumore mi ha svegliata e non riuscivo più a dormire. **Avevo paura!**».

«Che tipo di rumore?» chiede Lorenzo.

«Non lo so esattamente. Ero **mezza addormentata**. Era come un forte **sospiro**. Veniva da sotto, probabilmente dalla cucina, ma non lo so».

«E perché non mi hai detto niente per tutto il giorno?» le chiede Lorenzo.

«Perché non ne ero sicura. Pensavo che fosse un brutto sogno. Non volevo farti preoccupare!».

Lorenzo si sente confuso. Poi dice:

«Forse Riccardo **ne sa qualcosa**. Non mi è piaciuto molto il suo **sguardo** quando gli abbiamo detto della nostra casa. Domani mattina ritorniamo a fare colazione al Bar Converso e proviamo a parlargli».

«Buona idea» risponde Alessia.

«Ma adesso mangiamo, che i tortellini sono pronti»

## Vocabolario

**nel frattempo:** in the meantime
**di pelle sintetica:** artificial leather
**i mobili:** furniture
**assaggiare:** to taste
**manca:** is missing *(v. mancare)*
**lo schermo:** the screen
**tremante:** trembling
**lo raggiunge**: she reaches him *(v. raggiungere)*
**sicurissimo:** very sure
**non ci capisco proprio niente:** I don't get this at all
**si confida:** she confides *(e. confidarsi)*
**avevo paura:** I was scared *(e. avere paura)*
**mezza addormentata**: half asleep
**un sospiro:** a sigh
**ne sa qualcosa:** he knows something about it
**lo sguardo:** the look

## Domande di scelta multipla

33) Lorenzo vuole comprare online _____
   a. un divano di pelle
   b. un ufficio
   c. un divano marrone
   d. tutte e tre le risposte

34) La frase "chi muore perde tutto" era:
   a. nel suo telefono
   b. su Google Search
   c. nel sito dell'Ikea
   d. sulla porta del giardino


35) Alessia si confida con suo marito e gli dice che:
   a. ha sentito un forte sospiro
   b. ha sentito un rumore che probabilmente veniva dal bagno
   c. la notte prima non ha dormito
   d. va in panico


36) Perché vogliono ritornare al bar Converso?
   a. vogliono diventare amici di Riccardo
   b. Riccardo il barista ne sa qualcosa
   c. per fare colazione
   d. per un buon caffè

# La mattina seguente

**13 agosto 2021, circa le 08:00**

La notte è passata. Sia Lorenzo che Alessia hanno dormito tutta la notte. Non hanno sentito nessun rumore.

Alessia si sveglia prima di Lorenzo. Decide di cominciare a pulire il tappeto della seconda stanza. Usa un prodotto per tappeti che aveva comprato al centro commerciale. Vuole **rimuovere** le macchie. Sembrano macchie di caffè.

Lorenzo è ancora a letto. Apre gli occhi, si gira e vede che Alessia **non c'è**. Si alza e va nell'altra camera.

«Buongiorno» le dice.

«Buongiorno amore. Hai dormito bene?».

«Sì, e tu? Hai sentito niente?», le chiede Lorenzo.

«No. **Ho dormito come un sasso**» gli risponde Alessia.

«Cosa facciamo stamattina?».

«Finisco di pulire e andiamo da Riccardo per il caffè».

«Va bene. Sono felice che almeno abbiamo passato una notte tranquilla» le dice Lorenzo.

Lorenzo e Alessia si preparano per uscire. Prima si lava Alessia, si veste e **si trucca**. Poi si lava Lorenzo e **si fa la barba**. Alessia si mette un vestito azzurro casual. Lorenzo si mette dei pantaloni **di lino** e una maglietta leggera.

«Mi piaci quando ti metti questo vestito», dice Lorenzo ad Alessia e le dà un bacio. **L'abbraccia** forte e continua: «Ti amo tanto».

Alessia sorride e gli dice:

«Cosa ti è successo stamattina? **Solitamente** non sei così romantico. Ma anch'io ti amo tanto, lo sai. Dai, andiamo a prendere quel caffè adesso!».

## Vocabolario

**rimuovere:** to remove
**non c'è:** she isn't there
**ho dormito come un sasso:** I slept like a stone *(e. dormire come un sasso)*
**si trucca:** she puts make up on *(v. truccarsi)*
**si fa la barba:** he shaves *(v. farsi la barba)*
**di lino:** of linen
**l'abbraccia:** he hugs her *(v. abbracciare)*
**solitamente:** usually

## Domande di scelta multipla

37) Quella mattina:
   a. Lorenzo si sveglia prima di Alessia
   b. Alessia si sveglia dopo Lorenzo
   c. Alessia rimane a letto
   d. Lorenzo si sveglia dopo Alessia

38) La notte precedente:
   a. hanno sentito molti rumori
   b. non hanno dormito bene
   c. non è stata una notte tranquilla
   d. non hanno sentito nulla


39) Cosa decidono di fare Lorenzo e Alessia?
   a. Si mettono a pulire le macchie sul tappeto
   b. Si mettono a pulire la casa
   c. Si preparano per andare al bar
   d. Si preparano per andare a fare spese


40) Solitamente Lorenzo:
   a. è molto romantico con Alessia
   b. non è molto romantico
   c. dice spesso ad Alessia che la ama
   d. le dice cose belle ogni giorno

# La vicina di casa

**13 agosto 2021, circa le 10:30**

Lorenzo ed Alessia arrivano in piazza dove si trova il Bar Converso. Il bar è chiuso e la piazza è **deserta**.

«Che strano! Riccardo non aveva detto che è qui ogni giorno?» dice Alessia.

«Sì. Hai ragione. Magari ha avuto un'emergenza e ha chiuso il bar per un po'» le risponde Lorenzo.

Provano ad aspettare. Dopo dieci minuti decidono di ritornare a casa e preparare il caffè con la nuova **moka** che hanno comprato il giorno prima.

**Passeggiano** per nuove strade del paese. Vedono molte case antiche e una fontana **asciutta** in una **piazzetta**. Camminando, vedono una **cartoleria**. Entrano perché Lorenzo vuole comprare il giornale. Alessia invece compra una rivista sulla **salute** delle donne. Escono dal negozio e continuano per la loro strada. Arrivano a Via Manforte e vedono una donna anziana seduta sul **gradino** della porta d'ingresso.

«Buongiorno!» le dice Alessia.

«Buongiorno a voi» risponde la donna.

«Abbiamo comprato questa casa difronte alla sua. Piacere, sono Alessia. Questo è mio marito, Lorenzo».

Lorenzo e Alessia **stringono la mano** dell'anziana.

38

«Piacere mio. Allora voi siete i miei nuovi vicini di casa. È un piacere conoscervi» dice la donna.

«Lei vive qui da molto tempo?», le chiede Alessia.

«Sì, sono oltre trent'anni che sto qui. Originariamente non sono di Sambuca. Sono nata a Ragusa ma poi sono venuta a vivere qui con mio marito. Adesso lui **non c'è più**. Sono rimasta sola».

«Ah mi dispiace» le dice Lorenzo.

«Ha dei figli?» chiede Alessia.

«Sì ne ho due ma non vivono a Sambuca. Mio figlio è andato a lavorare a Roma. Ha una famiglia e sono là da cinque anni. Mia figlia invece è andata a vivere a Londra. **Mi vengono a trovare** una volta all'anno, normalmente durante **il periodo natalizio**. Per il resto del tempo, sono sola».

«Mi dispiace signora. Comunque quando **le serve qualcosa**, noi siamo qui difronte a lei. Non staremo qui tutto l'anno perché abbiamo una casa a Milano. Comunque io e mia moglie vogliamo **scappare** dalla città e venire in Sicilia molto spesso. Può venire a casa nostra quando vuole» le dice Lorenzo.

«Che bello sapere che **ci siete voi**. È molto **rassicurante** per me. I **proprietari** che vivevano lì prima non erano molto **amichevoli**. Non li vedevo quasi mai. E quando li vedevo non mi parlavano. Erano una coppia molto riservata. A volte li sentivo **urlare**. **Litigavano** spesso».

«E dove sono adesso questi ex vicini di casa?» chiede Alessia.

«**Oh santo cielo**! Ho dimenticato la pasta nel forno! Devo rientrare. Piacere di avervi conosciuto!».

«Un secondo, come si chiama?» le chiede Alessia. Ma la donna aveva già chiuso la porta e non risponde.

Lorenzo e Alessia aprono la loro porta ed entrano a casa. Lorenzo mette il giornale **piegato** sul tavolo e va a prendere la moka.

«Facciamo questo **benedetto** caffè!» dice ad Alessia che si mette seduta a tavola aspettando il suo caffè.

A Lorenzo piace molto fare il caffè con la moka. Soprattutto gli piace il profumo del caffè in cucina. Prende la moka e **versa** il caffè in due tazzine. Mette un cucchiaino di zucchero nel suo. Ad Alessia il caffè piace **amaro**, quindi niente zucchero per lei. Le dà la sua tazzina e si siede a tavola davanti a lei.

Lorenzo prende il giornale e comincia a **sfogliarlo**. Ci sono notizie di ogni genere, di **attualità**, cultura, sport…Lorenzo non legge tutto. Guarda soprattutto le foto e osserva qualche titolo. Cerca l'**oroscopo**. Cosa dicono oggi per il segno del Capricorno?

Alessia beve il suo caffè e pensa alla signora anziana della porta difronte. 'Perché **è corsa** dentro quando le abbiamo chiesto della coppia che viveva qui prima di noi? Cosa c'è che non va? Sembra tutto così misterioso.' Alessia pensa a tutto questo, **con lo sguardo perso nel vuoto**.

«Ale, guarda questo…..!!!» dice Lorenzo mentre le mostra un articolo sul giornale.

Alessia guarda la pagina che indica Lorenzo e rimane a bocca aperta.

## Vocabolario

**deserta:** deserted
**la moka:** the coffee machine
**passeggiano:** they stroll *(v. passeggiare)*
**asciutta:** dry
**piazzetta:** a small square
**la cartoleria:** stationery
**la salute:** health
**il gradino:** the front step of the house
**stringono la mano:** they shake hands *(e. stringere la mano)*
**non c'è più:** he's dead
**mi vengono a trovare:** they come to visit me
**il periodo natalizio:** the Christmas period
**le serve qualcosa:** you need anything
**scappare:** to escape
**ci siete voi:** you are here
**rassicurante:** reassuring
**i proprietari:** the owners
**amichevoli:** friendly
**urlare:** to shout
**litigavano:** they used to argue *(v. litigare)*
**oh santo cielo!** Oh dear God!
**piegato:** folded
**benedetto:** blessed
**versa:** he pours *(v. versare)*
**amaro:** bitter *(e. un caffè amaro – significa senza zucchero)*
**sfogliarlo:** flipping through its pages *(v. sfogliare)*
**l'attualità:** current affairs

**l'oroscopo:** the horoscope
**è corsa:** she ran
**con lo sguardo perso nel vuoto:** e. looks into emptiness


## Domande di scelta multipla

41) Cosa trova strano Alessia?
   a. Che Riccardo abbia detto di aprire ogni sera
   b. Che il Bar Converso sia chiuso
   c. Che Riccardo abbia avuto un'emergenza
   d. Di non poter prendere un caffè


42) Lorenzo e Alessia incontrano:
   a. una giovane donna che vive da sola
   b. un'anziana che vive con il marito
   c. una donna che vive in piazza
   d. la loro vicina di casa


43) La signora è felice di vedere Lorenzo ed Alessia perché:
   a. si sente sola
   b. la sua famiglia non c'è
   c. i vicini che c'erano prima non le parlavano
   d. tutte e tre le risposte

44) Gli ex proprietari della casa erano
   a. i figli della vicina di casa
   b. una famiglia grande
   c. una coppia amichevole
   d. una coppia che litigava spesso

# Omicidio a Sambuca

**13 agosto 2021, circa le 12:00**

## "Uomo **detenuto** per il caso **dell'omicidio** di Sambuca"

Alessia legge l'articolo del giornale lentamente. Non vuole perdere nessun dettaglio. L'articolo non è molto lungo. Dice:

"Dopo più di nove anni, la polizia **ha arrestato** un uomo legato al caso del doppio omicidio a Sambuca. La giovane coppia Luca e Angela Marino **erano stati trovati morti** nella loro casa nel 2012. L'autopsia aveva rivelato che entrambi **erano stati pugnalati** con un **coltello. L'arma del delitto** non è mai stata trovata"

«Perbacco! Questo omicidio è successo proprio a Sambuca!» dice Alessia.

Lorenzo osserva bene la foto sul giornale della coppia Marino.

«Queste due persone sono state uccise nella loro casa!» dice Lorenzo.

«Che paura! Vorrei saperne di più. Chissà dove è successo **esattamente**?!» si chiede Alessia.

Lorenzo si alza e decide di andare a fare due passi. Si mette la tuta e mentre prende la chiave di casa dice ad Alessia:

«Vado a fare una passeggiata. Ci vediamo fra una mezz'oretta!»

Alessia rimane da sola in casa. Si sente un po' **turbata** a causa della notizia sul giornale. Ma adesso non vuole pensare a omicidi o a persone morte. Invece, prende il telefono, apre la porta del giardino ed esce. Si siede su una sedia di legno. Resta al telefono per un po'. Alessia cerca delle cose da comprare per la nuova casa. Compra un frigo nuovo, e anche un forno. Quello che c'è in casa non funziona tanto bene. Compra anche degli **utensili** per la cucina e sei **calici di vino**. Alla fine cerca un televisore grande.

Dopo un po' **le viene voglia di** un bicchiere di acqua fredda. Va verso la porta e **si accorge** che c'è un problema: la porta non si apre. Prova e riprova ad aprirla, ma niente. **Si è chiusa fuori!** 'Accidenti, e ora cosa faccio?' pensa Alessia.

Prende il telefono e fa il numero di suo marito. Il telefono **squilla** ma Lorenzo non risponde.

**Dopo un quarto d'ora...**

Alessia rimane in giardino e non è molto felice. Fa troppo caldo fuori e suo marito continua a non rispondere. Sente una porta chiudersi in casa. 'Finalmente è arrivato Lorenzo' pensa.

Vede un'**ombra** passare difronte alla porta del giardino. Si avvicina alla porta e **grida**:

«Lorenzo sono qui. Mi sono chiusa fuori! Apri questa porta per piacere!».

Nessuno risponde.

**Dopo un'ora...**

Finalmente Lorenzo **si affaccia** alla porta di **vetro** del giardino. Alessia gli dice:

«Lorenzo puoi aprire questa **maledetta** porta?».

Lorenzo vede la chiave e rimane sorpreso. Gira la chiave nella serratura e la porta si apre senza problemi.

«Hai trovato la chiave? Come hai fatto a chiudere la porta a chiave da fuori? La chiave era dentro!».

«Non lo so! La chiave non c'era prima. C'è qualcuno in questa casa! Qualcuno ha chiuso la porta a chiave Lorenzo! Ho visto un'ombra passare. Sono sicura che c'è qualcuno! Và a controllare di sopra!».

Lorenzo non sa a cosa pensare. Le dice:

«Hai visto una persona nella nostra casa?».

«Non ne sono certa, ma ho visto qualcosa sicuramente, un movimento dentro, dietro la porta. Dai, va' a vedere se c'è qualcuno!».

Lorenzo le dice:

«Senti, perché non ci andiamo insieme? Vieni con me».

Entrambi salgono di sopra, ma le due stanze sono **vuote**. Nella seconda camera ci sono delle **scatole** con i mobili che hanno comprato. Nella loro camera da letto è tutto normale. Non c'è niente **fuori posto**.

«Controlla sotto il letto! E nell'armadio» dice Alessia.

Lorenzo la guarda con un'espressione **seccata**.

«**Fallo tu!**» le risponde.

Alessia lo fa, anche se ha paura. Non vuole **mostrarlo** a suo marito. Con un po' di coraggio apre l'armadio. Vuoto. Poi guarda sotto il letto.

«Nessuno! Forse **me lo sono immaginato**» gli dice.

«Sì ma come spieghi la chiave?» chiede Lorenzo.

«Non lo so. È un **mistero**! E tu invece, dove sei stato tutto questo tempo?».

«**Non ci crederai**! Sai chi è l'uomo detenuto dalla polizia per il caso Marino?».

«Chi è?».


Vocabolario

**detenuto:** detained
**omicidio:** homicide
**ha arrestato:** arrested *(v. arrestare)*
**erano stati trovati morti:** they had been found dead
**erano stati pugnalati:** they had been stabbed
**un coltello:** a knife
**l'arma del delitto:** the murder weapon
**esattamente:** exactly

**turbata:** troubled
**gli utensili:** utensils
**calici di vino:** wine glasses
**le viene voglia di:** she feels like *(e. venire voglia di)*
**si accorge:** realizes *(v. accorgersi)*
**si è chiusa fuori:** she locked herself out *(e. chiudersi fuori)*
**accidenti:** damn it!
**squilla:** rings *(v. squillare)*
**un'ombra:** a shadow
**grida:** shouts *(v. gridare)*
**si affaccia alla porta:** looks through the door *(e. affacciarsi alla porta)*
**vetro:** glass
**maledetta:** damn
**vuote:** empty *(agg. s.m. vuoto)*
**le scatole:** boxes
**fuori posto:** out of place
**seccata:** annoyed
**fallo tu!:** do it yourself!
**mostrarlo:** show it *(v. mostrare)*
**me lo sono immaginato:** I imagined it
**un mistero:** a mystery
**non ci crederai!:** you will not believe it! *(v. crederci)*


## Domande di scelta multipla

45) Lorenzo e Alessia leggono la notizia:
    a.  su una rivista
    b.  sul computer

c. su un sito online

d. nel giornale

46) L'articolo dice che:
   a. la polizia ha arrestato Luca e Angela Marino
   b. la polizia ha trovato l'arma del delitto
   c. un uomo ha ucciso Luca e Angela Marino
   d. Luca e Angela Marino sono stati uccisi nella loro casa

47) Alessia è curiosa e vuole saperne di più perché:
   a. l'omicidio è successo a Sambuca
   b. le piacciono i gialli
   c. conosce la coppia Marino
   d. tutte e tre le risposte

48) Che difficoltà ha Alessia?
   a. Lorenzo non risponde al telefono
   b. Si è chiusa fuori
   c. Vede un'ombra dietro alla porta del giardino
   d. Tutte e tre le risposte

**Domanda**
Perché Lorenzo e Alessia hanno paura e vanno a controllare la casa?

_____

_____

_____

# Il barista

**13 agosto 2021, circa le 17:00**

«Riccardo?? Il barista? Riccardo è l'uomo detenuto dalla polizia?! Come lo sai?» chiede Alessia incredula.

«Sono ritornato in piazza. Il bar era ancora chiuso. **Mi sono fermato** lì per un po'. È passato un signore anziano e mi ha detto che il Bar Converso non apriva oggi. Ha detto che Riccardo era in **questura**. È lui il sospettato assassino dell'omicidio a Sambuca. Secondo quel signore, Riccardo era **l'amante** della signora Marino».

«L'amante?! Ma Riccardo sembra molto più grande di lei! Angela Marino non aveva più di venticinque anni. Dalla foto sembra molto giovane», dice Alessia.

«Non lo so!».

«Pensi che Riccardo sia un **assassino**?» chiede Alessia.

"**Può essere**. Noi non lo conosciamo. L'abbiamo visto solo una volta»

«Ma hanno delle **prove** contro di lui?» continua Alessia.

«Probabilmente sì. L'hanno arrestato. Dunque qualche prova ce l'avranno», le risponde Lorenzo.

## Vocabolario

**mi sono fermato:** I stopped (*v. fermarsi*)
**la questura:** police station
**l'amante:** the lover
**un assassino:** a murderer
**può essere:** he could be
**le prove:** evidence

## Domande di scelta multipla

49) La notizia su Riccardo è che:
   a. il bar di Riccardo è aperto
   b. Riccardo è con un signore anziano
   c. Riccardo è il sospettato assassino
   d. tutte e tre le risposte

50) Secondo il signore anziano, Riccardo era _____
   a. l'amante della signora Marino
   b. l'amante del signor Marino
   c. un vecchio amico
   d. il fratello della vicina di casa.

51) Secondo Alessia, Riccardo è:
   a. molto più bello di Angela Marino
   b. molto più brutto di Angela Marino

c.  molto più giovane di Angela Marino

d.  molto più grande di Angela Marino


52) Lorenzo pensa che:
   a.  la polizia abbia le prove
   b.  la polizia non abbia le prove
   c.  Riccardo non può essere l'assassino
   d.  Riccardo è sicuramente l'assassino

# Tre giorni dopo

Lorenzo e Alessia hanno passato tre giorni **sereni**. Hanno dormito bene la notte. Hanno mangiato **sano**. Hanno fatto molte passeggiate **nei dintorni**. **Ormai** conoscono abbastanza bene il paese di Sambuca.

Lorenzo **ha dipinto le pareti** della casa. Alessia ha fatto dei lavori in giardino. Hanno anche ricevuto dei nuovi mobili. La loro nuova casa sembra più accogliente.

Alessia si siede sul loro nuovo divano e comincia a leggere un libro. Lorenzo invece **accende** la TV e decide di fare dei popcorn. Aspetta la partita dell'Inter che comincia alle venti e trenta.

Lorenzo ritorna in soggiorno con una grande **ciotola**. La ciotola è piena di popcorn.

«Amore hai cambiato **canale**?» chiede ad Alessia.

«No, io non ho cambiato niente».

«Che strano! Ho lasciato il televisore su Sky e adesso è su Rai 1. Dov'è il **telecomando**?».

«Non lo so, non l'ho toccato» risponde Alessia.

Entrambi si alzano per cercare dov'è il telecomando. Guardano sul divano, sul pavimento, ma non lo trovano.

«Accidenti la partita sta per cominciare!» dice Lorenzo. Non sembra tanto felice. **Si sta innervosendo**.

«Amore guarda!».

Alla TV c'è il **telegiornale**. La giornalista sta parlando dell'omicidio della coppia Marino.

«Non voglio sentire più niente di qulla storia!» urla Lorenzo.

«Cerchiamo questo maledetto telecomando e cambiamo canale!»

Tutti e due cercano il telecomando per più di quindici minuti. Alla fine **si arrendono**.

«Il telecomando è scomparso!» dice Alessia.

«Ma com'è possibile? L'ho lasciato sul divano e sono andato a fare popcorn! Sono ritornato e non c'era. Non è un tuo **brutto scherzo** vero?».

«Io non scherzo su queste cose. Questa casa è **stregata**!» dice Alessia con voce spaventata.

La mattina dopo Lorenzo si sveglia. Si alza dal letto lentamente. Apre il primo **cassetto** della **cassettiera** in camera da letto. Sotto le sue **mutande** trova il telecomando. '**Roba da matti**' pensa.


Vocabolario

**serene:** calm
**sano:** healthy
**nei dintorni:** in the surrounding area
**ormai:** by now
**ha dipinto le pareti:** painted the walls
**accende:** switches on / turns on (v. accendere)

**la ciotola:** the bowl
**il canale:** the TV channel
**il telecomando:** the remote control
**si sta innervosendo:** is getting restless (v. innervosirsi)
**il telegiornale:** the TV news
**si arrendono:** they give up (v. arrendersi)
**un brutto scherzo:** a bad joke
**stregata:** haunted
**il cassetto:** the drawer
**la cassettiera:** the chest of drawers
**le mutande:** underwear
**roba da matti!:** crazy stuff!

## Domande di scelta multipla

53) Lorenzo ed Alessia passano 3 giorni a _____
   a. mangiare molto
   b. guardare la TV
   c. leggere
   d. fare dei lavori in casa

54) Lorenzo vuole:
   a. mangiare popcorn
   b. mangiare popcorn e guardare la partita
   c. mangiare popcorn e leggere un libro
   d. fare dei lavori in giardino

55) Perché Lorenzo si sta innervosendo?
   a. Non trova il telecomando
   b. La partita sta per cominciare
   c. Alla TV c'è il telegiornale con la notizia dell'omicidio
   d. Tutte e tre le risposte


56) Finalmente Lorenzo trova il telecomando _____
   a. dopo la partita dell'Inter, in cucina
   b. durante la notte in bagno
   c. la mattina dopo nel frigo
   d. la mattina dopo in camera da letto

# La casa maledetta

## 18 agosto 2021

Altri due giorni sono passati tranquillamente. Non è successo niente di strano nella casa. Lorenzo e Alessia sono a Sambuca da più di una settimana.

Cominciano ad **aprezzare** la vita tranquilla che offre questo piccolo paese. È molto diversa dalla loro vita a Milano. In città è tutto molto più veloce. La gente lavora **senza tregua**. A Sambuca invece le persone fanno il **pisolino** durante il pomeriggio. Anche i negozi chiudono per qualche ora, dalle 13:00 alle 16:00. **Nonostante ciò**, c'è qualcosa che **turba** sia Lorenzo che Alessia. La casa è veramente stregata?

Sono le 17:00 ed escono a fare una passeggiata. C'è una piacevole **brezza** che viene dalle montagne. È molto bello passeggiare in agosto quando non fa troppo caldo.

Vedono poca gente in strada. Passa un uomo con un cappello di **paglia** su una vecchia bicicletta. Poi vedono una donna che apre la finestra di casa. Ci sono anche dei bambini che giocano a **pallone** in strada. Non sono **scene** che vedono ogni giorno a Milano.

Quando tornano a casa, Lorenzo va subito in bagno. Si fa la doccia. Alessia apre l'app Glovo e ordina due pizze. Stasera non ha voglia di cucinare.

Lorenzo esce dal bagno e le dice:

«Hai ordinato da mangiare?».

«Sì una Capricciosa per te e una Margherita per me», risponde Alessia.

«Da chi?».

«Da quella pizzeria vicino al bar Converso. Ha delle **ottime recensioni**».

«**Quanto tempo ci mettono?**».

«Sull'app dice quarantacinque minuti» risponde Alessia.

«Va bene allora mi metto a leggere un po'».

Alessia va a prendere il suo laptop. Lo apre e googla: `"omicidio coppia Marino Sambuca"`. Ci sono molti risultati per quelle parole. Alessia clicca sul primo sito di Google. È dal giornale il Corriere Della Sera. C'è la data del 13 agosto 2021 e parla dell'uomo arrestato. Alessia **nota** che non c'è scritto il nome di Riccardo. Legge l'articolo ma non c'è niente di nuovo.

Continua ad aprire altri articoli. Ce n'è uno da un altro giornale che ha la data 11 gennaio 2012. Qui trova la stessa foto della coppia Marino che ha già visto. Ci sono anche altre foto. Una foto in particolare attira la sua attenzione. Alessia **spalanca** gli occhi e si avvicina allo schermo. **Fissa** la foto per qualche minuto.

«Lorenzo, vieni a vedere questo!» grida poi.

Lorenzo è in giardino e non la sente. Alessia mette il suo laptop sul divano e corre da Lorenzo. Apre la porta del giardino e dice:

«Vieni a vedere cosa ho trovato!».

Lorenzo **sbuffa**.

«Cosa c'è adesso?» le chiede seccato.

«Vieni in soggiorno. Ti voglio mostrare qualcosa!» gli dice con voce **agitata**.

Lorenzo la segue in soggiorno. Si siede sul divano e Alessia gli dà il suo laptop.

Lorenzo guarda l'articolo e non vede niente di strano.

«**Osserva** bene la foto», gli dice Alessia.

Lorenzo vede una donna anziana che parla con una giornalista.

«Questa donna è la nostra vicina!».

Lorenzo legge il nome della donna: Pierangela Botti.

«Adesso sappiamo il suo nome!» le dice.

«Guarda bene cosa c'è dietro di lei!» dice Alessia in tono **impaziente**.

Lorenzo si avvicina allo schermo. La foto è piccola, ma sullo **sfondo** vede una casa.

«Guarda bene la porta. Quella è la nostra porta. Quella è la nostra casa! Vedi c'è anche una parte del numero: tre! L'altro numero non si vede nella foto».

«La nostra casa è il numero ventitré» dice Lorenzo.

«In questa casa sono state uccise due persone!», grida Alessia.

Lorenzo e Alessia si siedono in silenzio per qualche minuto. Non sanno cosa fare. Non sanno cosa pensare. Sono molto confusi.

Qualcuno **bussa** alla porta. Lorenzo si alza dal divano e va verso la porta. La apre e vede un giovane ragazzo con due cartoni di pizza.

«Buona sera! Avete una Margherita e una Capricciosa. Ecco a voi» dice, passando le pizze a Lorenzo.

«Grazie. Un secondo», dice Lorenzo mentre mette la mano in **tasca**. Nella sua tasca ci sono delle **monete**. Dà una moneta da due euro al ragazzo.

«La **mancia**» continua Lorenzo.

Il ragazzo sorride e prende la moneta. Poi dice:

«Grazie mille e buona serata!».

Lorenzo pensa: 'Speriamo bene che sarà una buona serata!' poi chiude la porta e rientra in cucina. Alessia è ancora seduta sul divano. Sta guardando il cellulare. Lorenzo mette le pizza sul tavolo.

«Dai, mangiamo!» le dice

«Non ho più fame!» risponde Alessia.


**Qualche ora dopo...**


Lorenzo ha mangiato tutta la sua pizza. Ha anche bevuto mezza bottiglia di vino bianco. Si sente un po' **assonnato**. Alessia invece non ha mangiato niente. Dopo la notizia della casa, **le è passato l'appetito**.

«Dai andiamo a dormire, è tardi» dice Lorenzo.

«Non voglio stare qui. Non posso dormire più in questa casa! **Pensaci un po'**, Lorenzo. Questo omicidio spiega tutte le cose strane che sono successe! In questa casa ci sono dei fantasmi. Le **anime** della coppia Marino sono ancora qui, con noi!».

«Dai non dire **cavolate**» risponde Lorenzo. Ma **in fondo** sa che ha ragione, anche se non vuole **ammetterlo**. Non vuole ammettere che hanno comprato una casa **maledetta**!

«Adesso, alle dieci di sera, non c'è niente che possiamo fare! Andiamo a dormire e poi domattina **ne parliamo**» le dice Lorenzo.

«Come posso dormire qui? Prendo tutte le mie cose e vado in albergo!».

Alessia si alza dal divano e va di sopra. Apre l'armadio, prende il suo zaino e comincia a **piegare** le sue magliette. Comincia a mettere la sua **roba** nello zaino. Lorenzo la **segue** in camera da letto. Si avvicina a lei e le dice con **dolcezza**:

«Amore ascoltami. È un po' tardi per andare in albergo. Dai restiamo qui stanotte, poi domani troviamo una soluzione insieme».

Alessia si ferma, lo guarda e lo abbraccia. I suoi occhi sono pieni di **lacrime**. Lorenzo le dà un bacio sulle labbra.

«Non ti preoccupare. Sono qui con te. Finché ci sarò io non ti succederà niente. Lo giuro. Domani troviamo una soluzione, insieme» continua Lorenzo mentre **la tiene stretta** fra le sue **braccia**.

Alessia **cambia idea**. Rimette il suo zaino nell'armadio e indossia il pigiama. **Si infila** nel letto e dice a Lorenzo:

«Mi fai una **camomilla?** Forse mi aiuta a calmarmi un po'».

«Subito amore!» risponde lui.

## Vocabolario

**apprezzare:** to appreciate
**senza tregua:** without a break
**un pisolino:** a nap
**nonostante ciò:** despite this
**turba:** upsets
**la brezza:** breeze
**di paglia:** made of straw
**il pallone:** the ball
**scene:** a scenes
**ottime recensioni:** excellent reviews
**quanto tempo ci mettono:** how long will they take?
**nota:** she notices *(v. notare)*
**spalanca gli occhi:** her eyes wide open
**fissa:** she stares at *(v. fissare)*
**sbuffa:** puffs *(v. sbuffare)*
**agitata:** agitated
**osserva:** observes *(v. osservare)*
**impaziente:** impatient
**lo sfondo:** the background
**bussa:** knocks *(v. bussare)*
**la tasca:** pocket
**le monete:** coins
**la mancia:** the tip
**assonnato:** sleepy
**le è passato l'appetito:** she's not hungry anymore.
**pensaci un po':** think about it a bit
**le anime:** the souls

**cavolate:** nonsense *(e. dire cavolate)*
**in fondo:** deep down
**ammetterlo:** admit it *(v. ammettere)*
**maledetta:** cursed
**ne parliamo:** we'll talk about it
**piegare:** v. to fold
**roba:** stuff
**segue:** he follows *(v. seguire)*
**dolcezza:** sweetness
**lacrime:** tears
**la tiene stretta:** he holds her tight *(e. tenere stretto qualcuno)*
**le braccia:** the arms
**cambia idea:** she changes her mind *(e. cambiare idea)*
**si infila:** slips into *(v. infilarsi)*
**una camomilla:** chamomile tea

## Domande di scelta multipla

57) Lorenzo e Alessia cominciano ad apprezzare la vita a Sambuca perché:
   a. è più tranquilla
   b. è diversa da Milano
   c. la vita a Milano è più veloce
   d. tutte e tre le risposte

58) Cosa c'è nello sfondo della foto che trova Alessia?
   a. La coppia Marino
   b. Il barista Riccardo
   c. Una giornalista
   d. La loro casa


59) Qualcuno bussa alla porta. Lorenzo la apre e
   a. prende le due pizze
   b. dà una mancia al ragazzo
   c. ringrazia il ragazzo
   d. tutte e tre le risposte


60) Più tardi...
   a. Lorenzo vuole andare in albergo
   b. Alessia vuole restare a casa
   c. Alessia convince Lorenzo ad andare in albergo
   d. Lorenzo convince Alessia a restare a casa


**Domanda**

Secondo te, fanno bene Lorenzo e Alessia a rimanere nella casa per la notte?

_____

_____

_____

# Piccoli scherzi

Lorenzo si sveglia per primo. Non ha dormito molto bene. Ha continuato a pensare alla casa, ai fantasmi e alla coppia Marino per tutta la notte. Si gira verso Alessia che sta ancora dormendo. Lorenzo si alza dal letto lentamente. Non vuole svegliare sua moglie. Si mette le **pantofole** e piano piano scende le scale e va in cucina. Fa un caffè ed esce fuori in giardino. Sorseggia il caffè in pace.

Sembra tutto così tranquillo. C'è una dolce brezza. A Lorenzo piace molto l'aria fresca della campagna. È tutto così silenzioso. Non sente il rumore delle macchine o del traffico.

'**Che peccato**! È veramente un posto fantastico' pensa Lorenzo. Sa che probabilmente non **rimarranno** in quella casa a lungo. La notte precedente è riuscito a **convincere** sua moglie a restare. Comunque sarà difficile convincerla a tenere la casa.

Sente dei passi **all'interno** della casa.

«Amore, sono qui in giardino» dice Lorenzo girandosi verso la porta. Aspetta Alessia. Ma Alessia non arriva. 'Forse sta facendo il caffè' pensa.

Dopo qualche minuto decide di andare a controllare. Apre la porta ed entra. Alessia non c'è. Va a vedere se è in

65

bagno. La porta è chiusa a chiave. Bussa, ma Alessia non risponde.

«Amore, tutto bene?» le dice e bussa un'altra volta.

Sente un rumore di sopra. Alessia esce dalla camera da letto e comincia a scendere le scale.

«Cosa c'è? Mi hai svegliata» gli dice.

«Ti ho svegliata? Non eri qui in cucina?» le chiede Lorenzo sorpreso.

«No! Stavo dormendo» risponde Alessia.

«E allora chi c'è in bagno? La porta è chiusa a chiave» dice Lorenzo.

Alessia è ancora mezza addormentata. Va verso la moka e vede un caffè in una tazzina.

«Mi hai fatto il caffè. Grazie» dice a Lorenzo.

«Cosa? Io non ho fatto il tuo caffè! Ho solo fatto il mio!», risponde Lorenzo.

«Allora chi l'ha fatto? Oh santo cielo! È il fantasma! Ha fatto il caffè ed è entrato in bagno!».

Lorenzo ha un'idea. Esce in giardino e va verso la finestra del bagno. È una finestra piccola, ma riesce e guardare dentro. Non vede nessuno nel bagno. Prende una **pietra** che trova in giardino e **rompe** il vetro della finestra. Infila la mano dentro per aprirla. All'improvviso qualcuno gli **afferra** la mano. Lorenzo la tira indietro velocemente a **si taglia** il braccio con il vetro rotto. Comincia a **sanguinare**.

«**Che cavolo!**» dice Lorenzo.

Alessia corre verso di lui e vede il **sangue** cadere per terra.

«Oh Dio mio è un **brutto taglio**! Dobbiamo andare in oespedale!» grida Alessia.

Lorenzo guarda il taglio sul braccio. C'è molto sangue. Si sente male all'improvviso e **sviene**.

**Più tardi lo stesso giorno**

Lorenzo e Alessia ritornano a casa dopo sei ore al **pronto soccorso**. All'ospedale hanno dovuto dare dei **punti** alla **ferita** di Lorenzo. Gli fa un po' male ma ha preso degli **antidolorifici**.

«Amore preparo qualcosa da mangiare» dice Alessia.

Lorenzo si mette seduto sul divano e accende la TV. Si sente così stanco. Non ha voglia di parlare. Non ha voglia di fare niente, solo dormire. Ma ha bisogno di mangiare qualcosa. Ha perso molto sangue.

«Cosa hai fatto dopo che sono svenuto?» chiede Lorenzo ad Alessia.

«Ho cominciato a chiamarti. Ti sei ripreso dopo qualche minuto. Poi ho chiamato subito l'ambulanza. Non sapevo cosa fare! Avevi un brutto taglio. **Meno male che** adesso stai bene amore mio!».

«Sì, lo so!».

«E cosa ti è successo alla finestra? Perché hai ritratto la mano così velocemente?» chiede Alessia.

«Senti, ora non ho voglia di parlarne. Mangio qualcosa e vado di sopra a riposarmi un po'. Vieni con me?».

«Va bene ma prima mangiamo questo panino».

## Vocabolario

**le pantofole:** slippers
**che peccato!:** what a pity!
**rimarranno:** they will remain/stay (*v. rimanere*)
**convincere:** to convince
**all'interno:** inside
**una pietra:** a stone
**rompe:** he breaks (*v. rompere*)
**afferra:** grabs (*v. afferrare*)
**si taglia:** cuts himself (*v. tagliarsi*)
**sanguinare:** to bleed
**che cavolo:** e. what the hell!
**il sangue:** blood
**un brutto taglio:** a bad cut
**sviene:** he faints (*v. svenire*)
**il pronto soccorso:** emergency department
**i punti:** stiches
**la ferita:** wound
**gli antidolorifici:** painkillers
**meno male che...:** thank goodness that...

## Domande di Scelta Multipla

61) Perché Lorenzo pensa 'che peccato!'?
    a. Non trova il caffè
    b. Alessia sta ancora domendo
    c. Alessia non vuole ritornare a Milano
    d. Gli piace la vita a Sambuca

62) Lorenzo rimane sorpreso. Perché?
   a. Sente dei passi
   b. La porta del bagno è chiusa da dentro
   c. È sicuro che prima c'era qualcuno, ma non era Alessia
   d. Tutte e tre le risposte


63) Alessia rimane sorpresa. Perché?
   a. Lorenzo si sveglia prima di lei
   b. Lorenzo non si sente bene
   c. Lorenzo non le aveva fatto il caffè che ha trovato
   d. Tutte e tre le risposte


64) Lorenzo si fa male mentre…
   a. prova ad aprire la finestra del bagno
   b. prova ad aprire la porta del giardino
   c. prova a fare il caffè
   d. prova a riparare la porta

# La figura alla finestra

**19 agosto 2021 verso le 19:00**

Più tardi lo stesso giorno Lorenzo e Alessia decidono di andare a fare una breve passeggiata. Passano difronte al bar Converso che è sempre chiuso.

Passeggiano in silenzio, senza parlare. Entrambi hanno troppi pensieri che gli passano per la testa. Finalmente Lorenzo **rompe il silenzio.**

«Ti devo dire qualcosa» le dice.

Lorenzo non è sicuro se continuare o meno. Non vuole spaventare Alessia ancora di più. Ma alla fine decide che deve sempre essere **sincero** con sua moglie.

«Cosa mi devi dire?» chiede Alessia in tono **preoccupato.**

«Prima, quando **ho infilato** la mano dentro la finestra, c'era qualcuno in bagno. Qualcuno mi ha preso la mano. Ho sentito un'altra mano sulla mia. Ho avuto paura e **ho tirato** indietro il braccio rapidamente, **facendomi male**».

«Oh santo cielo! **Lo sapevo!** C'è qualcuno in quella casa! Te l'ho sempre detto!».

«E non è tutto» continua Lorenzo.

«Come non è tutto?».

«Ho visto il viso di una donna. Si è affacciata alla finestra **improvvisamente!**»

«Una donna??? Quale donna?» chiede Alessia.

«È difficile da dire. È successo tutto così in fretta. Comunque era una faccia spaventosa! Aveva i capelli **spettinati** e sporchi….probabilmente **ricci**. Aveva la pelle molto **pallida**. Aveva dei **lividi** e del sangue sulla faccia!».

«Madonna santa, **aiutaci** tu!», dice Alessia e rimane in silenzio, scioccata dalla notizia. Questa era la **conferma** che cercava da tempo.

«Sicuramente non era una persona **viva**. Nella casa non c'è nessuno Lorenzo! Solo noi due. Sicuramente è un fantasma. Ti ha detto qualcosa?» chiede Alessia.

«No, nulla. Mi ha fissato, con degli occhi grandi, **spalancati**. Era uno sguardo terribile. Ricordarlo, **mi fa venire la pelle d'oca**».

Entrambi continuano la passeggiata in silenzio. Arrivano nella loro strada e vedono la signora della casa di fronte. Ci sono molti gatti di **vari** colori vicino a lei. I gatti **miagolano** perché hanno fame. La signora **gli sta dando da mangiare**.

«Tutto a posto? Ho visto l'ambulanza qui stamattina. State bene?» chiede la signora.

«Sì abbiamo solo avuto un piccolo incidente» risponde Lorenzo.

"Lorenzo si è tagliato il braccio mentre…».

«Stavo facendo dei lavori in giardino» la **interrompe** Lorenzo, che continua la frase di Alessia. Lancia un'occhiataccia a sua moglie. Alessia capisce che Lorenzo non vuole dire **nulla** alla vicina.

«E lei, signora? Tutto bene?» chiede Alessia.

«Sì niente di nuovo, grazie. Sono felice che stiate bene» dice la signora mentre mette l'ultimo cucchiaino di cibo umido nella ciotola. A Lorenzo **fa schifo l'odore** di cibo per i gatti. **Si salutano** e Lorenzo e Alessia entrano in casa.

La luce della **lampada** in soggiorno è **accesa**. Sono sicuri che prima di uscire, la lampada era **spenta**.

«Domani andiamo a parlare con un **prete**» dice Lorenzo mentre chiude la porta a chiave.

## Vocabolario

**rompe il silenzio:** breaks the silence *(e. rompere il silenzio)*
**sincero:** sincere
**preoccupato:** worried
**ho infilato:** I inserted *(v. infilare)*
**ho tirato:** I pulled *(v. tirare)*
**facendomi male:** hurting myself *(e. farsi male)*
**lo sapevo:** I knew it *(v. sapere)*
**improvvisamente:** suddenly
**spettinati:** uncombed
**ricci:** curly
**pallida:** pale
**i lividi:** bruises
**aiutaci!:** help us!
**la conferma:** confirmation
**viva:** alive/living
**spalancati:** wide open
**mi fa venire la pelle d'oca:** it gives me goosebumps
**vari:** various
**miagolano:** they meow *(v. miagolare)*

**gli sta dando da mangiare:** she is feeding them (*e. dare da mangiare a…*)

**interrompe:** interrupts (*v. interrompere*)

**nulla:** nothing

**umido:** wet

**fa schifo:** it is disgusting

**l'odore:** the smell

**si salutano:** they say goodbye to eachother

**la lampada:** the lamp

**accesa:** switched on

**spenta:** switched off

**un prete:** a priest

## Domande di scelta multipla

65) Perché Lorenzo e Alessia passeggiano senza dire niente?
   a. Hanno troppi pensieri
   b. Sono troppo stanchi
   c. Sono tristi
   d. Non hanno voglia di parlare

66) Lorenzo si confida con Alessia. Cosa le dice?
   a. Vuole ritornare a casa
   b. Ha visto una donna affaciata alla finestra
   c. Ha visto la sua vicina
   d. Tutte e tre le risposte

67) La donna alla finestra aveva
   a. il sangue sulla faccia
   b. i capelli sporchi
   c. gli occhi spalancati
   d. tutte e tre le risposte

68) La loro vicina di casa
   a. è seduta sul gradino di casa
   b. dà da mangiare al suo gatto
   c. dà da mangiare ai gatti della strada
   d. non vuole parlare con Lorenzo e Alessia

**Domanda**

Secondo te, perché Lorenzo non vuole dire nulla alla loro vicina di casa?

_____

_____

_____

# La tazzina di caffè

## 20 agosto 2021 verso le 08:00

Lorenzo e Alessia camminano nel centro di Sambuca. Hanno già preso il caffè ma entrambi si sentono molto stanchi. Non hanno chiuso occhio la notte **precedente**. A Lorenzo **faceva male** il braccio. Alessia continuava a pensare alla **figura** alla finestra. 'Chi era quella donna? Era la signora Marino? La sua anima gira ancora per la nostra casa, anche dopo la **morte**?'. Alessia ha tante domande alle quali non sa rispondere.

Sono gli ultimi due giorni in Sicilia. Il 22 agosto ritornano a casa. Sentono **un senso di urgenza**. Devono decidere cosa fare con la casa.

Arrivano in piazza di fronte alla chiesa di Santa Maria. La chiesa è chiusa. Lorenzo cammina verso la grande porta centrale. Bussa con **forza**, ma non c' è nessuno. Bussa un'altra volta ma non succede niente. La porta non si apre.

Una donna li vede davanti alla chiesa. Si avvicina e dice a loro:

«La chiesa apre più tardi. C'è la messa alle undici. A quest'ora non c'è nessuno dentro».

«Vogliamo solo parlare con il prete. Sa dove possiamo trovarlo?».

«Non lo so, ma potete venire più tardi. Verso le dieci e mezza Don Camillo sarà qui».

«Grazie» le dice Lorenzo.

La donna non dice niente. Si gira e continua per la sua strada.

Lorenzo e Alessia vanno al **negozio di alimentari** a comprare delle cose. Comprano **tre etti** di pomodori, del sugo, e degli spaghetti per la cena. Comprano anche un **cartone** di latte e una **barretta** di **cioccolato fondente**. Ritornano a casa con la spesa e mettono tutto in frigo.

«L'anima della donna in questa casa è **cattiva**. Sicuramente è un'anima turbata. Ha provato a farti del male» dice Alessia che finalmente interrompe il silenzio.

«È un'anima **maligna**». Lorenzo **è d'accordo** con la moglie.

Appena pronuncia queste parole, una tazzina cade per terra, da sola. Nessuno l'aveva toccata! Si rompe in due pezzi. Prima di cadere, la tazzina era sul tavolo. L'aveva lasciata lì Lorenzo dopo aver bevuto il caffè.

Lorenzo e Alessia si guardano, **stupiti**. Devono sicuramente fare qualcosa. Non possono restare lì. Non possono continuare così.

**Vocabolario**

**precedente:** previous
**faceva male:** was hurting
**la figura:** figure

**la morte:** death
**un senso di urgenza:** a sense of urgency
**forza:** strength
**negozio di alimentari:** a grocery
**tre etti:** 300 grams (un etto – 100 grammi)
**un cartone:** a carton
**una barretta:** a bar
**il cioccolato fondente:** dark chocolate
**cattiva:** cruel
**maligna:** evil
**è d'accordo con:** agrees with
**stupiti:** astonished

## Domande di scelta multipla

69) Perché Lorenzo e Alessia sono stanchi?
   a. Non hanno dormito bene la notte prima
   b. Hanno camminato molto
   c. Non hanno ancora preso il caffè
   d. Tutte e tre le risposte

70) Entrambi arrivano alla porta della chiesa e....
   a. Alessia bussa ma nessuno risponde
   b. Lorenzo bussa una volta
   c. la chiesa è chiusa
   d. scoprono che la chiesa non apre quel giorno

71) Cosa pensano del fantasma che sta nella loro casa?
   a. Che ha un'anima buona
   b. Che ha un'anima cattiva
   c. Che ha un'anima gentile
   d. Tutte e tre le risposte


72) Cosa succede quando entrano in casa?
   a. Lorenzo prende il caffè
   b. La tazzina del caffè cade da sola
   c. Alessia mette la tazzina sul tavolo
   d. Alessia fa il caffè

# La visita in chiesa

**20 agosto 2021 verso le 10:20**

Questa volta la porta della chiesa è aperta. Alessia entra per prima. Dentro la chiesa è **buio**. Ci sono solo delle luci su entrambi i **lati**. È una chiesa molto vecchia. Ci sono vari **affreschi** dipinti sui muri. Non vedono nessuno.

«Magari il prete celebra **la messa** per i fantasmi! Non c'è anima viva qui» dice Alessia in tono scherzoso.

«Dai non scherzare. Non è proprio il momento di dire queste cose», le dice Lorenzo, con voce **seria**.

Camminano verso **l'altare**, e vedono una piccola porta di legno a destra. Mentre si avvicinano esce un uomo vestito da prete.

«Posso aiutarvi?» chiede il prete

«Sì, vorremmo parlare con lei, se possibile» gli dice Lorenzo.

«Certo, venite pure dentro» e li **invita** a seguirlo.

Lorenzo e Alessia lo seguono in una piccola stanza. C'è un forte odore di **incenso**. A Lorenzo **dà fastidio**, ma non dice niente. Non vuole essere **maleducato**. Si siedono su delle **poltrone** di legno. Ad Alessia sembra di essere seduta su un **trono**. 'Che fighe' queste poltrone' pensa. Poi comincia a parlare:

«Padre, sono Alessia e lui è mio marito Lorenzo».

79

«Piacere, sono Don Camillo», risponde il prete. Ha la voce **pacata**, tranquilla.

«Don Camillo, le dobbiamo chiedere un favore. Può venire a **benedire** la nostra casa? Pensiamo che sia stregata. Succedono cose strane. Non sappiamo cosa fare. Abbiamo bisogno del suo aiuto» dice Alessia.

Don Camillo li guarda **attentamente**. Si mette una mano sulla faccia e non dice nulla per un po', pensando a cosa dire:

«Dove si trova la vostra casa?».

«In Via Manforte numero ventitré» risponde Lorenzo.

Il prete spalanca gli occhi con una faccia **terrorizzata**.

«**Non posso farci niente**. Ci ho già provato» gli risponde.

«Come ha già provato?» gli chiede Lorenzo.

«Quella casa ha dei poteri **soprannaturali. È aldilà delle mie capacità**. Non posso farci niente!» ripete.

Lorenzo e Alessia si guardano in silenzio. Non sanno cosa dire.

Il prete continua:

«Quella era la casa di Luca e Angela Marino. I loro corpi sono stati trovati lì, in camera da letto. Da quel giorno dicono che la casa è stregata»

«Sì, questo lo avevamo capito» risponde Lorenzo.

«La polizia ha trovato i corpi in uno **stato avanzato di decomposizione**. La coppia Marino era morta da oltre due settimane. La scena del crimine era **terrificante**. La donna è stata pugnalata trenta volte! L'uomo era **irriconoscibile**. Mentre la **polizia forense** era nella casa, dicono che sono successe delle cose strane. Sentivano delle **grida** che venivano dal soggiorno. Le luci che si spegnevano e si accendevano all'improvviso. E questo è continuato **nel corso degli anni**»

«Come è continuato?» chiede Alessia

«Voi non siete i primi. Dopo la morte della coppia Marino, la casa è diventata proprietà dei loro genitori. Loro non sapevano cosa farne. La **affittavano** su Airbnb. Non venivano tante persone. Sambuca non è molto popolare tra i turisti. Comunque, quando venivano, se ne andavano subito. Tutti hanno paura di quella casa».

«Ma c'è qualcosa che possiamo fare? Questa è la nostra casa adesso!» chiede Alessia.

«Mi dispiace, ma non penso proprio. Ho già provato a benedire l'intera casa. È stato tutto **inutile**. Se volete il mio parere, scappate da lì. Subito! Non ci restate nemmeno un minuto di più. Adesso se non vi dispiace, devo prepararmi per la messa».

«Seguiamo il **consiglio** del prete? Cosa facciamo?» chiede Lorenzo. Alessia guarda suo marito e dice:

«Allora adesso decido io! Andiamo in quel benedetto albergo!»


**Vocabolario**

**buio:** dark
**i lati:** the sides
**gli affreschi**: the frescoes
**la messa:** mass

**seria:** serious
**l'altare:** altar
**invita:** invites *(v. invitare)*
**l'incenso:** incense
**dà fastidio:** annoys *(e. dare fastidio a)*
**maleducato:** rude
**le poltrone:** armchairs
**un trono:** throne
**che fighe!:** how cool!
**pacata:** calm
**benedire:** bless
**attentamente:** carefully
**terrorizzata:** terrorised
**non posso farci niente:** I cannot do anything about it
**soprannaturali:** supernatural
**è aldilà delle mie capacità:** it's beyond my capabilities
**stato avanzato di decomposizione:** advanced state of decomposition
**terrificante:** terrifying
**irriconoscibile:** unrecognisable
**la polizia forense:** the forensic police
**le grida:** the screaming
**nel corso degli anni:** over the years
**affittavano:** they used to rent out *(v. affittare)*
**inutile:** useless
**il consiglio:** advice

## Domande di scelta multipla

73) Perché Alessia dice «Magari il prete celebra la messa per i fantasmi!»
   a. Alessia ha molta paura dei fantasmi
   b. Non c'è nessuno in chiesa
   c. Don Camillo sembra un fantasma
   d. Vede molti affreschi


74) Cosa chiedono Alessia e Lorenzo a Don Camillo?
   a. A che ora è la messa
   b. Perché c'è un forte odore d'incenso
   c. Se crede nei fantasmi
   d. Di benedire la loro casa


75) Perché il prete dice «Non posso farci niente!»
   a. Ci aveva già provato in passato
   b. Non li crede
   c. Non crede nei fantasmi
   d. Ha paura dei fantasmi


76) Cosa è successo mentre la polizia forense era nella casa?
   a. Qualcuno si è fatto male
   b. Si sentivano delle grida
   c. Il televisore si accendeva da solo
   d. Cadevano le tazzine

**Domanda:**

Quale consiglio dà Don Camillo a Lorenzo e Alessia?

_____

_____

_____

# Finalmente a Milano

**22 agosto 2021 verso le 17:30**

Sia Lorenzo che Alessia sono felici di essere tornati a casa. Entrambi si sentono **sollevati**. Si sentono al sicuro nel loro appartamento all'**undicesimo** piano.

L'appartamento si trova in una zona bella di Milano che si chiama City Life. È un appartamento moderno. **È stato costruito** 5 anni fa. 'Sicuramente** non ci sono i fantasmi qui' pensa Alessia.

Lorenzo si siede nel loro ufficio. Apre il laptop e comincia a lavorare su un **annuncio immobiliare** per la loro casa di Sambuca. Scrive i dettagli della casa.

```
Casa in vendita a Sambuca: una
  cucina, un soggiorno, un grande
  giardino, un bagno e due camere da
  letto spaziose. 79 m². Prezzo 20.000
                euro
```

**Carica** anche delle foto che aveva fatto quando era in Sicilia. Guarda l'annuncio un'ultima volta e lo pubblica sul sito immobiliare. **Soddisfatto**, chiude il laptop e va a raggiungere la moglie in soggiorno.

Appena entra in camera, vede che Alessia è in una **videochiamata** con sua madre. Non ha voglia di parlare con la **suocera**. Allora prende le **cuffie** dal cassetto sotto il televisore. Le **collega** al suo telefono e comincia ad ascoltare la sua playlist preferita su Spotify.

Inizia il brano "Ordinary World" dei Duran Duran e Lorenzo sorride. Gli è sempre piaciuto quel gruppo. Finisce la canzone e ne comincia un'altra, e poi un'altra. Dopo un po', **si toglie** le cuffie. Sua moglie è ancora al telefono. La sente dire:

«Sì, mamma avevamo paura! Il prete ci ha detto che la casa è maledetta...che dobbiamo venderla! Che ci sono i fantasmi della coppia Marino e che **vogliono farci del male**».

'Veramente non ha detto proprio così' pensa Lorenzo. '**Esagera** come sempre' e sorride. Continua ad ascoltarla.

«Siamo andati **direttamente** in un albergo a Palermo. Abbiamo passato le ultime due notti lì. Siamo ritornati alla casa solo una volta per prendere la nostra roba. Abbiamo anche buttato via delle cose che erano ancora in frigo. Il latte faceva una **puzza tremenda**!» continua Alessia.

Lorenzo sorride. Sua moglie è una donna meravigliosa. La conosce da tanti anni, ma ancora la ama da morire.

Finalmente Alessia chiude la chiamata. Si alza per avvicinarsi al marito. Si siede accanto a lui e gli dà un bacio.

Il telefono di Lorenzo squilla una volta. È un suono diverso da quello dei soliti messaggi su Whatsapp. Lorenzo guarda la **notifica**:

*Ciao, ho visto l'annuncio della casa a Sambuca.*

*Possiamo venire a vederla questo fine settimana?*

Lorenzo **non ci crede**. Guarda sua moglie e con una voce emozionata le dice:

«**Prenotiamo** subito un volo! Ritorniamo a Sambuca!».

## Vocabolario

**sollevati:** relieved
**undicesimo:** eleventh
**è stato costruito:** was constructed
**sicuramente:** definitely
**un annuncio immobiliare:** property advert
**carica:** uploads *(v. caricare)*
**soddisfatto:** satisfied
**una videochiamata:** a video call
**la suocera:** mother-in-law
**le cuffie:** the headphones
**collega:** connects *(v. collegare)*
**si toglie:** he removes *(v. togliersi)*
**vogliono farci del male:** they want to hurt us
**esagera:** she exaggerates *(v. esagerare)*
**direttamente:** directly
**una puzza tremenda:** a terrible stench
**la notifica:** notification
**non ci crede:** he cannot believe it
**prenotiamo:** let's book *(v. prenotare)*

## Domande di scelta multipla

77) Perché Lorenzo e Alessia si sentono al sicuro nel loro appartamento?
   a. È all'undicesimo piano
   b. È moderno
   c. Sicuramente non ci sono i fantasmi
   d. Tutte e tre le risposte


78) Perché Lorenzo posta un annuncio immobiliare?
   a. Non vuole parlare con sua suocera
   b. Vuole solo passare il tempo
   c. Vuole vendere la casa di Sambuca
   d. Vuole vendere l'appartamento di Milano


79) Alessia parla con la mamma per video chiamata e dice:
   a. la verità, ma esagera un po'
   b. tutta la verità
   c. molte bugie
   d. tutte e tre le risposte


80) Perché Lorenzo e Alessia vogliono ritornare a Sambuca?
   a. Amano troppo Sambuca
   b. Vogliono incontrare Riccardo
   c. Vogliono vendere la casa
   d. Vogliono vivere lì

# Answer Key

**Il giorno della partenza:** 1 a, 2 d, 3 c, 4 d.

**Due settimane prima:** 5 d, 6 a, 7 c, 8 d.

**L'arrivo a Palermo:** 9 d, 10 b, 11 c, 12 d.

**Un tipico paese siciliano:** 13 d, 14 c, 15 b, 16 d.

**La vecchia casa:** 17 a, 18 b, 19 d, 20 d.

**La prima notte in casa:** 21 d, 22 b, 23 d, 24 d.

**Al bar Converso:** 25 c, 26 c, 27 d, 28 a.

**La chiave scomparsa:** 29 d, 30 a, 31 c, 32 d.

**Succedono cose strane:** 33 c, 34 b, 35 a, 36 b.

**La mattina seguente:** 37 d, 38 d, 39 c, 40 b.

**La vicina di casa:** 41 b, 42 d, 43 d, 44 d.

**Omicidio a Sambuca:** 45 d, 46 d, 47 a, 48 d.

**Il barista:** 49 c, 50 a, 51 d, 52 a.

**Tre giorni dopo:** 53 d, 54 b, 55 d, 56 d.

**La casa maledetta:** 57 d, 58 d, 59 d, 60 d.

**Piccoli scherzi:** 61 d, 62 d, 63 c, 64 a.

**La figura alla finestra:** 65 a, 66 b, 67 d, 68 c.

**La tazzina di caffé:** 69 a, 70 c, 71 b, 72 b.

**La visita in chiesa:** 73 b, 74 d, 75 a, 76 b.

**Finalmente a Milano:** 77 d, 78 c, 79 a, 80 c.

# Glossary

## A

**abbandonata:** abandoned

**accende:** switches on / turns on *(v. accendere)*

**accesa:** switched on

**accidenti:** damn it!

**accogliente:** welcoming

**afferra:** grabs *(v. afferrare)*

**affittavano:** they used to rent out *(v. affittare)*

**affollato:** crowded

**agitata:** agitated

**aiutaci!:** help us!

**all'improvviso:** all of a sudden

**all'interno:** inside

**amaro:** bitter *(e. un caffè amaro – significa senza zucchero)*

**amichevoli:** friendly

**ammetterlo:** admit it *(v. ammettere)*

**annuisce:** nods *(v. annuire)*

**appena:** as soon as

**apprezzare:** to appreciate

**asciutta:** dry

**aspetto:** I wait *(v. aspettare)*

**assaggiare:** to taste

**assonnato:** sleepy

**attentamente:** carefully

**attraversano:** they cross; go through *(v. attraversare)*
**avevo paura:** I was scared *(e. avere paura)*

# B
**benedetto:** blessed
**benedire:** bless
**bloccata:** stuck
**buio:** dark
**bussa:** knocks *(v. bussare)*
**buttano:** they throw away *(v. buttare)*

# C
**calici di vino:** wine glasses
**cambia faccia:** changes facial expression *(e. cambiare faccia)*
**cambia idea:** she changes her mind *(e. cambiare idea)*
**carica:** he uploads *(v. caricare)*
**cattiva:** cruel
**cavolate:** nonsense *(e. dire cavolate)*
**che cavolo:** e. what the hell
**che fighe!:** how cool!
**che peccato!:** what a pity!
**chiesa:** church
**chiudere occhio:** sleep
**ci siete voi:** you are here
**ciascuno:** each
**circondata:** surrounded
**collega:** connects *(v. collegare)*

**collina:** hill
**con lo sguardo nel vuoto:** looks into emptiness
**controllare:** to check
**convincere:** to convince
**convinta:** convinced
**cura:** care
**curioso:** curious

# D

**dà fastidio:** annoys *(e. dare fastidio a)*
**dà un'occhiata:** he looked around *(e. dare un'occhiata)*
**dai!** come on
**datata:** old fashioned
**decisa:** decisive
**deserta:** deserted
**detenuto:** detained
**di legno:** wooden
**di lino:** of linen
**di paglia:** made of straw
**di pelle sintetica:** artificial leather
**difettosa:** faulty
**direttamente:** directly
**dolcezza:** sweetness
**dormiglione:** sleepyhead

# E

**è aldilà delle mie capacità:** it's beyond my capabilities
**è caduta:** it fell *(v. cadere)*

**è coperto di:** it's covered with

**è corsa:** she ran

**è d'accordo con:** agrees with

**è riuscito:** managed to *(v. riuscire)*

**è stanco morto:** he is dead tired

**è stato costruito:** was constructed

**è successo:** it happened *(v. succedere)*

**eccomi:** here I am

**entrambi:** both

**erano stati pugnalati:** they had been stabbed

**erano stati trovati morti:** they had been found dead

**esagera:** she exaggerates *(v. esagerare)*

**esattamente:** exactly

**esausta:** exhausted

**esplorare:** explore

**estroversa:** extrovert


# F

**fa le pulizie:** cleans *(e. fare le pulizie)*

**fa schifo:** it is disgusting

**fa una faccia:** makes an expression with his face *(e. fare una faccia)*

**facendomi male:** hursting myself *(e. farsi male)*

**faceva male:** was hurting

**fallo tu!:** do it yourself!

**fare acquisti:** to buy stuff

**fino a quel momento:** up to that moment

**finiremo:** we will finish *(v. finire)*

**fissa:** she stares at *(v. fissare)*
**forza:** strength
**fuori posto:** out of place

# G
**girare la chiave:** to turn the key
**gli affreschi:** the frescoes
**gli antidolorofici:** painkillers
**gli attrezzi:** tools
**gli sta dando da mangiare:** she is feeding them *(e. dare da mangiare a…)*
**gli utensili:** utensils
**grida:** shouts *(v. gridare)*
**guadagna:** earns *(v. guadagnare)*
**guarda con la coda dell'occhio:** looks from the corner of the eye

# H
**ha arrestato:** arrested *(v. arrestare)*
**ha dipinto le pareti:** painted the walls
**ho dormito come un sasso:** I slept like a stone *(e. dormire come un sasso)*
**ho infilato:** I inserted *(v. infilare)*
**ho tirato:** I pulled *(v. tirare)*

# I
**i lati:** the sides
**i lividi:** bruises

**i mobili:** furniture
**i prorietari:** the owners
**i punti:** stiches
**i secchi:** the pales
**il canale:** the TV channel
**il cassetto:** the drawer
**il cioccolato fondente:** dark chocolate
**il consiglio:** advice
**il cucchiaino:** tea spoon
**il gradino:** the front step of the house
**il pallone:** the ball
**il pavimento:** the floor
**il periodo natalizio:** the Christmas period
**il pronto soccorso:** the emergency department
**il rubinetto:** the faucet
**il sangue:** blood
**il soffitto:** the ceiling
**il tappeto:** the carpet
**il telecomando:** the remote control
**il telegiornale:** the TV news
**impaziente:** impatient
**improvvisamente:** suddenly
**in fondo:** deep down
**in fretta:** quickly
**in santa pace:** in peace
**incredulo:** incredulous
**intendeva:** he was implying *(v. intendere)*
**interrompe:** interrupts *(v. interrompere)*
**intimorita:** intimidated

**inutile:** useless
**invita:** invites *(v. invitare)*
**irriconoscibile:** unrecognisable

# L

**l'abbraccia:** he hugs her *(v. abbracciare)*
**l'agente immobiliare:** the estate agent
**l'altare:** altar
**l'amante:** the lover
**l'arma del delitto:** the murder weapon
**l'attualità:** current affairs
**l'imprenditore:** the business owner
**l'incenso:** incense
**l'odore:** the smell
**l'oroscopo:** horoscope
**l'unica:** the only
**la brezza:** breeze
**la casalinga:** the housewife
**la cassettiera:** the chest of drawers
**la cartoleria:** the stationery
**la ciotola:** the bowl
**la conferma:** confirmation
**la ferita:** wound
**la figura:** figure
**la gente sconosciuta:** strangers
**la lampada:** the lamp
**la mancia:** the tip
**la messa:** mass

**la moka:** the coffee machine

**la morte:** death

**la pietra:** stone

**la polizia forense:** the forensic police

**la porta d'ingresso:** the front door

**la questura:** police station

**la salute:** health

**la serratura:** the lock

**la suocera:** mother-in-law

**la tasca:** pocket

**la tiene stretta:** he holds her tight *(e. tenere stretto qualcuno)*

**lacrime:** tears

**lancia un'occhiataccia:** e. gives a disapproving look

**larga:** wide

**lasciami:** let me / leave me *(v. lasciare)*

**le anime:** the souls

**le braccia:** the arms

**le cuffie:** the headphones

**le è passato l'appetito:** she's not hungry anymore.

**le grida:** the screaming

**le labbra:** the lips *(n. sing. il labbro)*

**le macchie:** the stains

**le monete:** coins

**le mutande:** underwear

**le pantofole:** slippers

**le persiane:** shutters

**le piastrelle:** the tiles

**le poltrone:** armchairs

**le prove:** evidence
**le scatole:** boxes
**le serve qualcosa:** you need anything
**le tracce:** traces
**le travi:** the beams
**le viene voglia di:** she feels like *(e. venire voglia di)*
**litigavano:** they used to argue *(v. litigare)*
**lo raggiunge**: she reaches him *(v. raggiungere)*
**lo sapevo:** I knew it *(v. sapere)*
**lo schermo:** the screen
**lo sfondo:**  the background
**lo sgrassatore:** the bleech; degreaser
**lo sguardo:** the look

# M

**maledetta:** cursed
**maledetta:** damn
**maleducato:** rude
**maligna:** evil
**manca:** is missing  *(v. mancare)*
**mantenere basse le aspettative**: to keep low expactations
**me lo sono immaginato:** I imagined it
**meno male che…:** thank goodness that…
**meraviglioso:** wonderful
**mescola:** stirs *(v. mescolare)*
**mezza addormentata**: half asleep
**mi fa venire la pelle d'oca:** it gives me goose bumps

**mi sono fermato:** I stopped *(v. fermarsi)*
**mi vengono a trovare:** they come to visit me
**miagolano:** they meow *(v. miagolare)*
**mostrarlo:** show it *(v. mostrare)*

# N

**ne parliamo:** we'll talk about it
**ne sa qualcosa:** he knows something about it
**negozio di alimentari:** a grocery
**nei dintorni:** in the surrounding area
**nel frattempo:** in the meantime
**nel corso degli anni:** over the years
**niente male:** not bad
**non c'è più:** he's dead
**non c'è:** she isn't there
**non ci capisco proprio niente:** I don't get this at all
**non ci crederai!:** you will not believe it! *(v. crederci)*
**non ci posso credere:** I cannot believe it
**non ci riesce:** she doesn't manage to do it *(v. riuscirci)*
**non me l'aspettavo!:** I didn't expect that!
**non posso farci niente:** I cannot do anything about it
**non vedo l'ora di:** I cannot wait to *(e. non vedere l'ora di)*
**nonostante ciò:** despite this
**nota:** she notices *(v. notare)*
**nulla:** nothing

# O

**oh santo cielo!** Oh dear God!

**omicidio:** homicide
**ormai:** by now
**osserva:** observe *(v. osservare)*
**osservano:** they observe *(v. osservare)*
**ottime recensioni:** excellent reviews


# P

**pacata:** calm
**pallida:** pale
**pancia:** belly
**parcheggiano:** they park *(v. parcheggiare)*
**passeggiano:** they stroll *(v. passeggiare)*
**pensaci un po':** think about it a bit
**pensieri:** thoughts
**perbacco!:** Wow!
**permettere:** to allow
**piazzetta:** a small square
**piegare:** to fold
**piegato:** folded
**piena di fascino:** full of charm
**polvere:** dust
**precedente:** previous
**prenderai le ferie:** you will take vacation leave *(e. prendere le ferie)*
**preoccupato:** worried
**preoccupato:** worried
**proseguiamo:** let's continue *(v. proseguire)*
**può essere:** it could be

**puzzi**: you stink *(v. puzzare)*

# Q

**quanto tempo ci mettono:** how long will they take?
**quindi:** therefore

# R

**rassicurante:** reassuring
**ricci:** curly
**riempiono:** they fill *(v. riempire)*
**rimane a bocca aperta:** his jaw drops *(e. rimanere a bocca aperta)*
**rimane sorpreso:** is surprised *(e. rimanere sorpreso)*
**rimarranno:** they will remain/stay *(v. rimanere)*
**rimuovere:** to remove
**ripararla:** repair it *(v. riparare)*
**riservato:** reserved
**rivela:** reveals *(v. rivelare)*
**roba da matti!:** crazy stuff!
**roba:** stuff
**rompe il silenzio:** breaks the silence *(e. rompere il silenzio)*
**rompe:** he breaks *(v. rompere)*

# S

**sacchetti:** bags
**sanguinare:** to bleed
**sano:** healthy

**sbrigati!:** hurry up! (*v. sbrigarsi*)

**sbuffa:** puffs (*v. sbuffare*)

**scappare:** to escape

**scene:** scenes

**scomparsa:** disappeared

**scuote la testa:** shakes his head (*v. scuotere*)

**seccata:** annoyed

**segue:** he follows (*v. seguire*)

**seguendo:** following (*v.seguire*)

**senza tregua:** without a break

**sereni:** calm

**seria:** serious

**sfogliarlo:** flipping through its pages (*v. sfogliare*)

**si è chiusa fuori:** she's locked out (*e. chiudersi fuori*)

**si accorge:** she realizes (*v. accorgersi*)

**si affaccia alla porta:** looks through the door (*e. affacciarsi alla porta*)

**si arrendono:** they give up (*v. arrendersi*)

**si avvicina:** approaches; gets closer (*v. avvicinarsi*)

**si confida:** she confides (*e. confidarsi*)

**si fa la barba:** he shaves (*v. farsi la barba*)

**si guardano:** they look at eachother (*v. guardarsi*)

**si infila:** slips into (*v. infilarsi*)

**si mette seduto:** he sits down (*v. mettersi seduto*)

**si mettono:** they put on (*v. mettersi*)

**si occupa di:** takes care of (*v. occuparsi di*)

**si salutano:** they say goodbye to eachother

**si sono svegliati:** they woke up (*v. svegliarsi*)

**si sta innervosendo:** the become restless (*v. innervosirsi*)

103

**si taglia:** cuts himself *(v. tagliarsi)*
**si toglie:** he removes *(v. togliersi)*
**si trucca:** she puts make up on *(v. truccarsi)*
**sicuramente:** definitely
**sicurissimo:** very sure
**sincero:** sincere
**soddisfatto:** satisfied
**solitamente:** usually
**sollevati:** relieved
**soprannaturali:** supernatural
**sorridendo:** smiling *(v. sorridere)*
**sorridenti:** smiling
**sorseggiando:** sipping *(v. sorseggiare)*
**sotto shock:** shocked
**spalanca gli occhi:** her eyes wide open
**spalancati:** wide open
**spaventata:** scared
**spaventarlo:** scare him
**spazza:** he sweeps *(v. spazzare)*
**spenta:** switched off
**spettinati:** uncombed
**spolvera:** she dusts off *(v. spolverare)*
**sporca:** dirty
**squilla:** rings *(v. squillare)*
**squilla:** rings *(v. squillare)*
**stai scherzando?:** are you joking? *(v. scherzare)*
**stato avanzato di decomposizione:** advanced state of decomposition
**stregata:** haunted

**strette:** narrow

**stringono la mano:** they shake hands *(e. stringere la mano)*

**stupiti:** astonished

**sviene:** he faints *(v. svenire)*

# T

**terrificante:** terrifying

**terrorizzata**: terrorised

**tre etti:** 300 grams *(un etto – 100 grammi)*

**tremante:** trembling

**troppo bello per essere vero:** e. too good to be true

**turba:** upsets

**turbata:** troubled

# U

**umido:** wet

**un annuncio immobiliare:** property advert

**un assassino:** a murderer

**un bacio:** a kiss

**un brutto scherzo:** a bad joke

**un brutto sogno:** a bad dream

**un brutto taglio:** a bad cut

**un cartone:** a carton

**un coltello:** a knife

**un cornetto:** a croissant

**un fantasma:** a ghost

**un mistero:** a mystery

**un pisolino:** a nap
**un prete:** a priest
**un rumore:** a sound
**un senso di urgenza:** a sense of urgency
**un sospiro:** a sigh
**un tono giocoso:** a playful tone
**un trono:** throne
**un volo:** a flight
**un'ombra:** a shadow
**una barretta:** a bar
**una camomilla:** chamomile tea
**una giornataccia:** a bad day
**una pietra:** a stone
**una puzza tremenda:** a terrible stench
**una videochiamata:** a video call
**undicesimo:** eleventh
**urlare:** to shout

# V

**vari:** various
**versa:** he pours *(v. versare)*
**vetro:** glass
**viva:** alive/living
**vogliono farci del male:** they want to hurt us
**vuota:** empty
**vuote:** empty *(agg. sing. m. vuoto)*

# Notes

# Acknowledgements

I owe a huge thanks to many people who helped me take this book to the finish line.

Thanks to my mum, my number one force of encouragement.

Thanks to Sarah, who has to endure my endless enthusiasm every single day and who patiently listens to my neverending stories. She was the first one to read this book and give me feedback

Thanks to Adele and Joanna, who went through it and gave me fresh ideas.

Last and not least thanks to God, who gives me the opportunity to leave an impact on other people's lives by hopefully helping them understand better such a beautiful language.

*Here's my new book at **Upper Beginner to Lower Intermediate level***

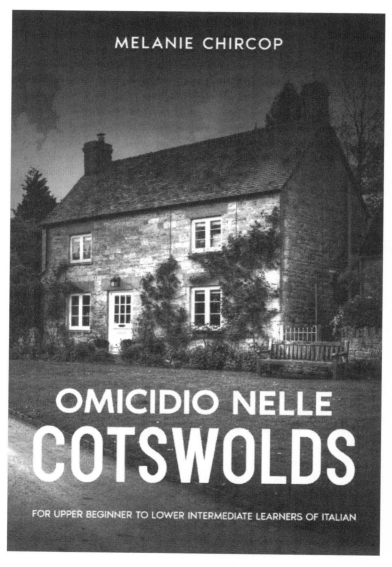

MELANIE CHIRCOP

OMICIDIO NELLE
COTSWOLDS

FOR UPPER BEGINNER TO LOWER INTERMEDIATE LEARNERS OF ITALIAN

**And the story continues…**

*Here's a glimpse of book 2 of the series at an intermediate level.*

# I FANTASMI DI SAMBUCA

## La coppia Inglese

«Perché parcheggi la macchina sempre lontano? Dobbiamo camminare per più di dieci minuti per arrivare a questa casa!», dice Emma.

Noah la guarda e sorride. Poi dice,

«Dai amore, camminare un po' fa bene alla salute. Devi **bruciare** quel gelato che hai appena mangiato!»

Emma lo guarda e non sembra molto felice.

«Senti, tu non puoi parlare. **Hai messo su** almeno 5 chili in due giorni! Non fai niente che mangiare! Attento, che ti cresce la pancia!»

I due camminano verso la casa di Sambuca. Ci sono molte strade strette e molte salite. Sambuca è un tipico paese siciliano. Si trova sopra a una collina. È un paese molto vecchio e non ci sono molte persone **in giro**.

Noah e Emma sono due ragazzi inglesi. Noah ha 30 anni e Emma ne ha 28. I due si conoscono da quando erano a scuola. All'inizio erano solo amici. Poi con il tempo **si sono accorti** che volevano stare insieme. Adesso sono fidanzati da cinque anni. Noah e Emma vivono insieme in una casa in affitto a Croydon, una zona a sud est di Londra. Adesso sono in Italia per pochi giorni, perché vogliono vedere una casa, e **possibilmente** comprarla.

Finalmente sono arrivati a Via Manforte. Vedono due persone di fronte a una casa, la numero ventitré.

Emma e Noah **si avvicinano** a queste due persone.

«Salve. Voi siete Lorenzo e Alessia?», chiede Noah.

«Sì! Siamo proprio noi. Io sono Alessia e questo è mio marito Lorenzo. Piacere!»

«Piacere nostro. Io sono Noah Clarke e lei è la mia fidanzata Emma Wilson»

Le due coppie **si stringono la mano**. Poi c'è un silenzio imbarazzante. Non sanno cosa dire. Alessia interrompe il silenzio e dice,

«Allora questa è la casa! Che facciamo entriamo?»

«Certo non vediamo l'ora di vederla», dice Emma.

Alessia **tira fuori** la chiave dalla sua tasca e apre la porta. I quattro ragazzi entrano dentro.

«C'è uno strano **odore**! E come se  qualcuno stesse cucinando qualcosa. Una zuppa di verdure?», dice Emma.

«Ah saranno i vicini», dice Alessia. Lei non sa cosa dire. Sa che nessuno vive in Via Manforte, oltre alla signora della porta di fronte, Pierangela Botti.

All'improvviso le due coppie rimangono **scioccate**. Vedono qualcosa che sicuramente **non si aspettavano** mai di vedere.